JN278489

Shuwasystem Business Guide Book

ジェフリー・ムーアの「キャズム理論」がわかる本

ポケット図解

中野 明 著

秀和システム

●注意
(1) 本書は著者が独自に調査した結果を出版したものです。
(2) 本書は内容について万全を期して作成いたしましたが、万一、ご不審な点や誤り、記載漏れなどお気付きの点がありましたら、出版元まで書面にてご連絡ください。
(3) 本書の内容に関して運用した結果の影響については、上記(2)項にかかわらず責任を負いかねます。あらかじめご了承ください。
(4) 本書の全部または一部について、出版元から文書による承諾を得ずに複製することは禁じられています。
(5) 商標
本書に記載されている会社名、商品名などは一般に各社の商標または登録商標です。

はじめに

　本書はアメリカのマーケティング・コンサルタントであるジェフリー・ムーアが提唱する、「キャズム理論」について解説したものです。

　ムーアのキャズム理論は、1991年に出版された『クロッシング・ザ・キャズム』（邦題『キャズム』翔泳社、2002年）で広く公にされました。ムーアはこの本で、初期市場で成功した製品が、主流市場で何故失敗するか、そのメカニズムを解き明かします。そして、主流市場でも成功するための戦略を示しました。

　同書の出版当時は、ハイテク製品が急激に進化し、やがてインターネットの普及も始まる時期でした。ムーアの主張はハイテク業界に広く受け入れられ、いまやこの著作は「米国ハイテク業界のバイブル」とまで言われるようになっています。

　その後もムーアはコンサルタントとして執筆活動を続けます。そして、近著『ライフサイクルイノベーション』（翔泳社、2006年）では、キャズム理論の規模をさらに拡大し、永続する組織を確立するための戦略論を提唱しました。いわばムーア理論の確立です。

　そして、ムーア理論の全貌を解説するとともに、その中でも特に重要な位置を占めるキャズム理論について、図をふんだんに用いながら徹底したわかりやすさを追求したのが本書です。本書を通読してもらえれば、キャズム理論をはじめとしたムーアの主張のエッセンスをご理解いただけるはずです。

　もっとも、本書がムーアの原典の代替になるとは考えていません。ムーア理論の全貌およびキャズム理論についてより深く理解するには、上記に掲げた翻訳書や原典を読むことが不可欠です。そういう意味で本書は、ムーアの理論を理解するための導入部に相当するものです。

　では、キャズム理論の中枢へ、いざ斬り込みましょう。

2008年3月　筆者記す

ジェフリー・ムーアの「キャズム理論」がわかる本

CONTENTS

はじめに …………………………………………………………………………3

第1章　キャズム理論のエッセンス

1-1　ジェフリー・ムーアとキャズム …………………………………8
1-2　キャズムとは何か …………………………………………………10
1-3　クロッシング・ザ・キャズム ……………………………………12
1-4　キャズム理論からムーア理論へ …………………………………14
1-5　イノベーションとキャズム理論 …………………………………16
1-6　キャズム理論を円滑かつ深く理解する …………………………18
コラム　ドラッカーのイノベーション論 ………………………………20

第2章　ムーア理論の全貌

2-1　カテゴリー成熟化ライフサイクル ………………………………22
2-2　カテゴリー成熟化ライフサイクルのベース理論 ………………24
2-3　製品ライフサイクルを理解する …………………………………26
2-4　ロジャーズのイノベーション普及理論 …………………………28
2-5　イノベーション採用者カテゴリー ………………………………30
2-6　両理論を重ね合わせる理由 ………………………………………32

2-7	カテゴリー成熟化ライフサイクルのマーケティング	34
2-8	イノベーション採用者カテゴリーとキャズム	36
2-9	テクノロジー導入ライフサイクル	38
2-10	テクノロジー導入ライフサイクル以降の対応	40
コラム	ブルー・オーシャン戦略	42

第3章　キャズムのメカニズム

3-1	テクノロジー導入ライフサイクルの各特徴	44
3-2	ビジョナリーとしての初期採用者	46
3-3	主流市場の壁、初期多数派	48
3-4	後期多数派とラガードの特徴	50
3-5	初期市場と主流市場の狭間で	52
3-6	キャズムに陥る理由	54
3-7	PDAの大誤算	56
3-8	セカンドライフはキャズムを越えるか	58
コラム	キャズムに対するロジャーズの見方	60

第4章　クロッシング・ザ・キャズム戦略

4-1	キャズムを越える3つの至上命題	62
4-2	キャズムを飛び越えるための基本戦略	64
4-3	ニッチ市場に着目する理由	66
4-4	ニッチ市場とターゲット・カスタマー	68
4-5	ターゲット・カスタマー・シナリオの作成	70
4-6	シナリオを評価する	72
4-7	ニッチ市場としてのローエンド	74

4-8	ホールプロダクトとは何か	76
4-9	ホールプロダクトの構造	78
4-10	ホールプロダクトとバリューチェーン	80
4-11	ポジショニングと競争相手	82
4-12	ポジショニングの明文化	84
4-13	ナンバー1の法則と梯子の法則	86
4-14	販売チャネルの検討	88
4-15	販売チャネル志向型の価格設定	90
コラム	マーケティングの基本手法とムーア理論	92

第5章 キャズムを越えた後に

5-1	ニッチ市場の向こうへ	94
5-2	ボーリングピン戦略の実践	96
5-3	アプリケーション・イノベーションの実践	98
5-4	トルネードからメインストリートへ	100
5-5	製品イノベーションの推進	102
5-6	プラットフォーム・イノベーションの推進	104
5-7	成熟市場から衰退市場へ	106
5-8	時代を超えて永続する企業	108

| 参考文献 | 110 |
| 索引 | 111 |

第1章 キャズム理論のエッセンス

ここではキャズム理論の概略について解説します。その上で、キャズム理論をより円滑かつ深く理解するための指針を示します。

1. キャズム理論のエッセンス
- カテゴリー成熟化ライフサイクル
- キャズムのメカニズム
- クロッシング・ザ・キャズム戦略

2. ムーア理論の全貌

カテゴリー成熟化ライフサイクル
時代を超えて永続する企業の実現

テクノロジー導入ライフサイクル → 成長市場 → 成熟市場 → 衰退市場 → ライフサイクルの終了

カテゴリー再生

- 初期市場
- トルネード
- ボーリングレーン
- メインストリート
- キャズム

3. キャズムのメカニズム
イノベーター・ビジョナリー VS 実利主義者

4. クロッシング・ザ・キャズム戦略
1. ニッチ市場の選定
2. ホールプロダクトの構築
3. ポジショニングの設定
4. 流通チャネルと価格の設定

5. キャズムを越えた後に
- ボーリングピン戦略
- ナンバー1企業の価値基準
- 時代を超えて永続する企業

1-1 ジェフリー・ムーアとキャズム

キャズム理論は、ハイテク企業向けマーケティング・コンサルタントであるジェフリー・ムーアによって提唱されました。いまやキャズムは、ビジネススクールでも定番の経営理論です。

1 理論の提唱者ジェフリー・ムーア

キャズム理論は、米カリフォルニアを拠点にするマーケティング・コンサルタントのジェフリー・ムーアによって提唱されました。

ムーアは自身のことを、「著述家でコンサルタント、かつベンチャー・キャピタルのパートナー」と表現しています。この言葉が示すように、ムーアはハイテク企業向けマーケティング・コンサルタント会社キャズム・グループの創設者であり、ベンチャー・キャピタルTCGアドバイザーズの共同創設者です。

2 著述家としての横顔

また、著述家としてのムーアの名は、キャズム理論の詳細について解説した『クロッシング・ザ・キャズム(邦題キャズム)』の出版によって一躍世間に広まります。同書が出版されたのは、1991年のことです。それから15年以上経った現在でも、同書は米国ハイテク業界のバイブルと言われています。また、スタンフォード大学やハーバード大学、マサチューセッツ工科大学などのビジネススクールでは、必読書に指定されているといいます。

その後もムーアは、『トルネード経営』(1995年)、『企業価値の断絶』(2002年)、『ライフサイクルイノベーション』(2005年)などの経営書を継続して出版しています。

Reference Guide　http://geoffmoore.blogs.com/about.html

ジェフリー・ムーア

ジェフリー・ムーア
(Geoffrey A. Moore)

▼

キャズム理論の提唱者

▼

主な著書

『クロッシング・ザ・キャズム（キャズム）』
1991年。キャズム理論の全貌を解説する。

『トルネード経営』
1995年。キャズムを越えた後の企業経営を解説する。

『企業価値の断絶』
2002年。企業価値をいかに高めるか解説する。

『ライフサイクルイノベーション』
2005年。ムーア理論の全貌を解説する。

1　キャズム理論のエッセンス

1-2 キャズムとは何か

ムーアは、少数の進歩派によって構成される初期市場と、一般的な利用者からなる主流市場との間には、大きな裂け目があると主張します。これがキャズムです。

1 キャズム理論のベース

キャズム（chasm）とは、「深い裂け目」「岩盤や氷山にできた巨大な亀裂」を指します。ムーアは、少数の進歩派によって構成される初期市場と、一般的な利用者からなる主流市場との間には、大きな裂け目が口を開いていると主張します。この裂け目がムーアの指摘するキャズムです。そしてムーアは、多くのハイテク製品が初期市場で成功したにもかかわらず、一般市場への浸透で失敗したのは、キャズムを越えられなかったからだと言います。

ムーアはこの理論を説明するのに、イノベーション普及理論の泰斗エベレット・ロジャーズの**イノベーション採用者カテゴリー**を援用します。詳細は第2章で解説しますが、ムーアの言う初期市場とは、ロジャーズがイノベーション採用者カテゴリーで指摘するイノベーターと初期採用者によって構成されます。この初期市場で成功を収めた製品は、次のターゲット、すなわちロジャーズの指摘する初期多数派を目指します。

しかし、初期市場と初期多数派市場（主流市場）では、市場の性格がまったく異なります。この両者の「大きな差異＝裂け目」がキャズムに他なりません。にもかかわらず、多くの企業は初期市場で成功したのと同じ方法を初期多数派市場でも利用します。これが原因で、ハイテク製品の多くが主流市場で普及しない、とムーアは言います。

> **one point** **エベレット・ロジャーズ**
>
> アメリカのイノベーション学者。スタンフォード大学、カリフォルニア大学の教授を歴任し、特にイノベーションの普及に関する研究に生涯を捧げました。2004年10月に死去。イノベーション普及理論では第一人者と目されています。

Reference Guide　ジェフリー・ムーア『キャズム』(翔泳社) 18、28ページ

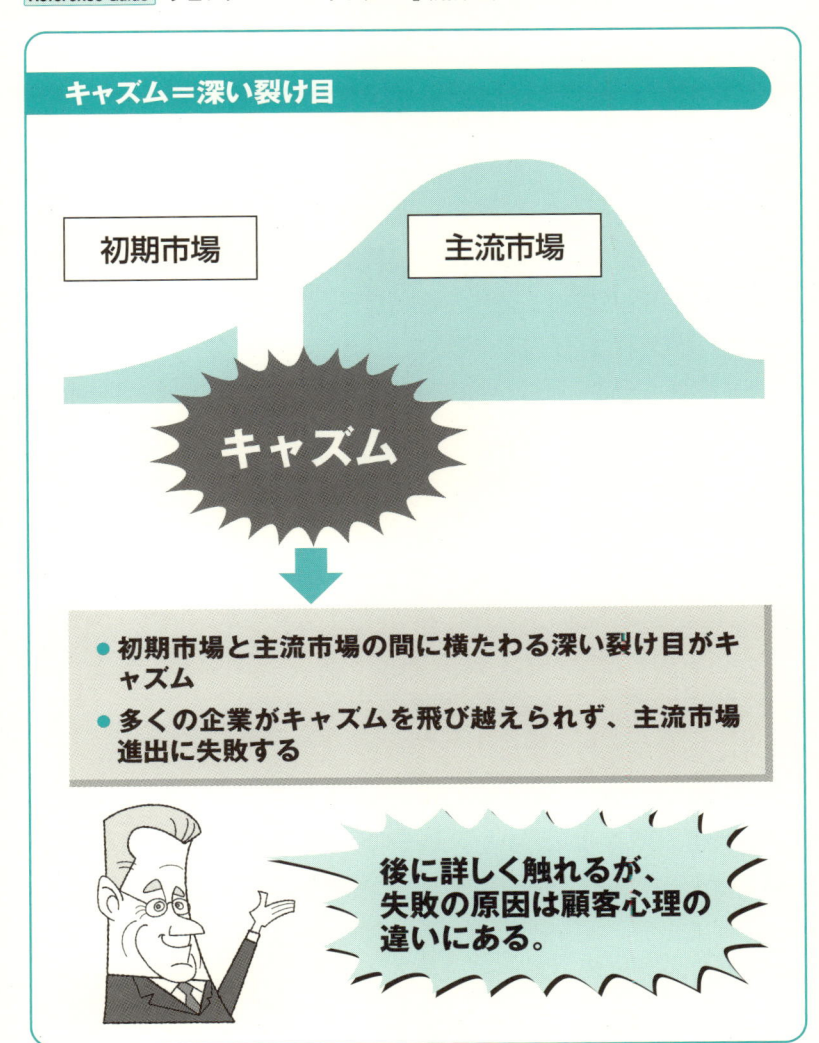

キャズム＝深い裂け目

初期市場　　主流市場

キャズム

- 初期市場と主流市場の間に横たわる深い裂け目がキャズム
- 多くの企業がキャズムを飛び越えられず、主流市場進出に失敗する

> 後に詳しく触れるが、失敗の原因は顧客心理の違いにある。

1　キャズム理論のエッセンス

1-3 クロッシング・ザ・キャズム

ムーアは、キャズムの存在を明示するだけではなく、キャズムを飛び越える基本手法についても言及しました。これがいわばクロッシング・ザ・キャズム戦略とも呼べるものです。

1 キャズムを越えるための戦略

前節でふれたように、初期市場で成功を収めた製品が主流市場で普及しない原因はキャズムに対する理解不足にあります。そのメカニズムは第3章で詳しく述べるとして、その前に次の点について明らかにしておくと話が円滑に進むでしょう。

ムーアは、単にキャズムの存在を明示するだけでなく、キャズムを飛び越える手法についても明らかにしました。いわばクロッシング・ザ・キャズム戦略とも呼べるものです。実際、ムーアのキャズム理論が世間に受け入れられたのは、キャズムを飛び越えるための戦略を明示したからに他なりません。したがって、キャズム理論を理解するということは、

❶キャズムのメカニズムについて知る
❷クロッシング・ザ・キャズム戦略について知る
ということに他なりません。

本書では、上記の点を考慮して、まずキャズムのメカニズムについて十分解説した上で、キャズムを飛び越える戦略について述べたいと考えています。

いずれにしろ、キャズムとは何か、クロッシング・ザ・キャズム戦略とは何か、この両者を理解することが、とりもなおさずキャズム理論を理解することだと考えてください。

> one point **クロッシング・ザ・キャズム戦略**

　クロッシング・ザ・キャズム（キャズムを飛び越える）はジェフリー・ムーアの原書タイトルです。同書で紹介するキャズムを飛び越えるための戦略は、まさにクロッシング・ザ・キャズム戦略に他なりません。

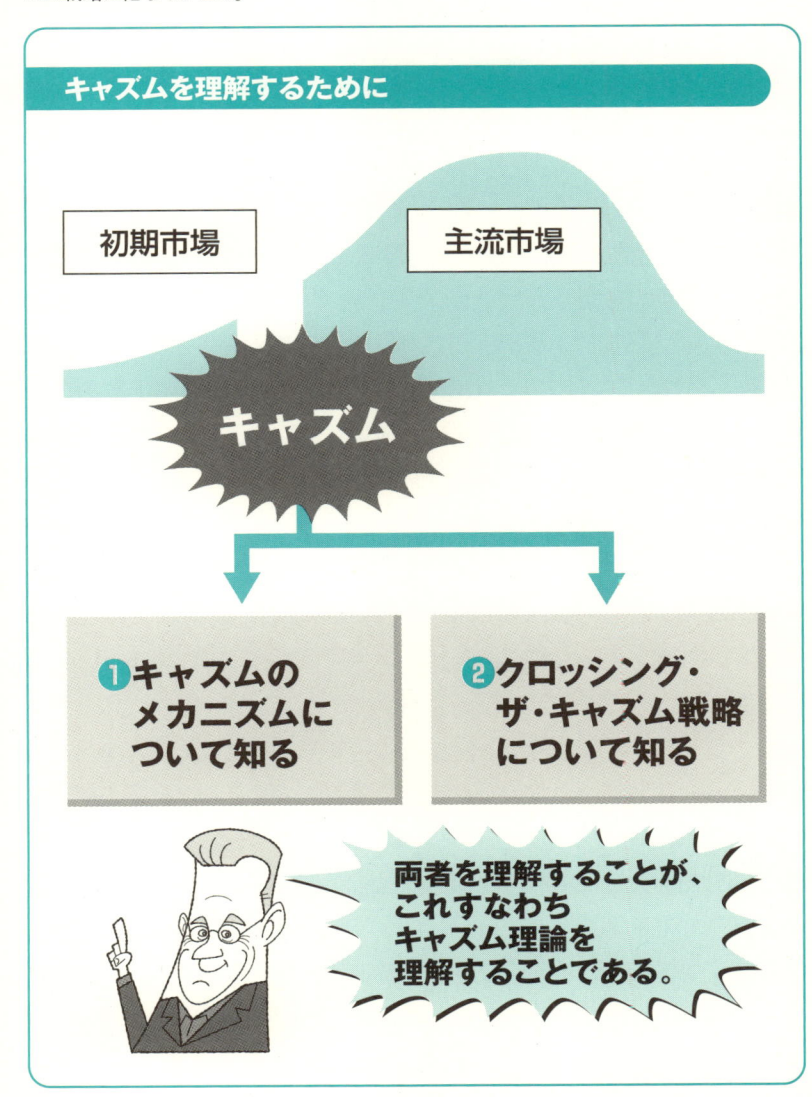

キャズムを理解するために

初期市場　　主流市場

キャズム

❶ キャズムのメカニズムについて知る

❷ クロッシング・ザ・キャズム戦略について知る

両者を理解することが、これすなわちキャズム理論を理解することである。

1　キャズム理論のエッセンス

1-4 キャズム理論からムーア理論へ

キャズム理論から出発したムーアは、その後、さらに理論の規模を拡大します。そして、いまやムーア理論とでも呼ぶべき戦略論を展開しています。

1 ムーア理論からキャズム理論を把握する

　キャズム理論から出発したムーアは、その後さらに理論の規模を拡大し、近年、企業が時代を超えて永続するための戦略を取りまとめました。本書では、便宜上これを**ムーア理論**と呼ぶことにします。

　ムーア理論の中核になっているのが、**カテゴリー成熟化ライフサイクル**です。これは、ある市場区分における製品の誕生から衰退までを示したものです。ムーアが提唱するこのモデルでは、マーケティング理論として著名な**製品ライフサイクル**（2-3節参照）と、前述した**イノベーション採用者カテゴリー**をベースにしています。そしてムーアは、このモデルが示すそれぞれの段階で企業がとるべき戦略を明示しました。

　前節でキャズム理論を知ることは、キャズムとは何か、クロッシング・ザ・キャズム戦略とは何かについて知ることだと記しました。一方、ムーア理論の中でキャズムは、極めて重要ではあるものの、その一部を占めるに過ぎません。よって、ムーア理論全体における位置付けを無視してキャズム理論を説明したのでは、木を見て森を見ずの誹りを免れないでしょう。

　そこで本書では、ムーア理論の全貌をまず理解（第2章）し、その上でキャズムについて解説します。これにより、キャズム理論の理解がより深まるはずです。

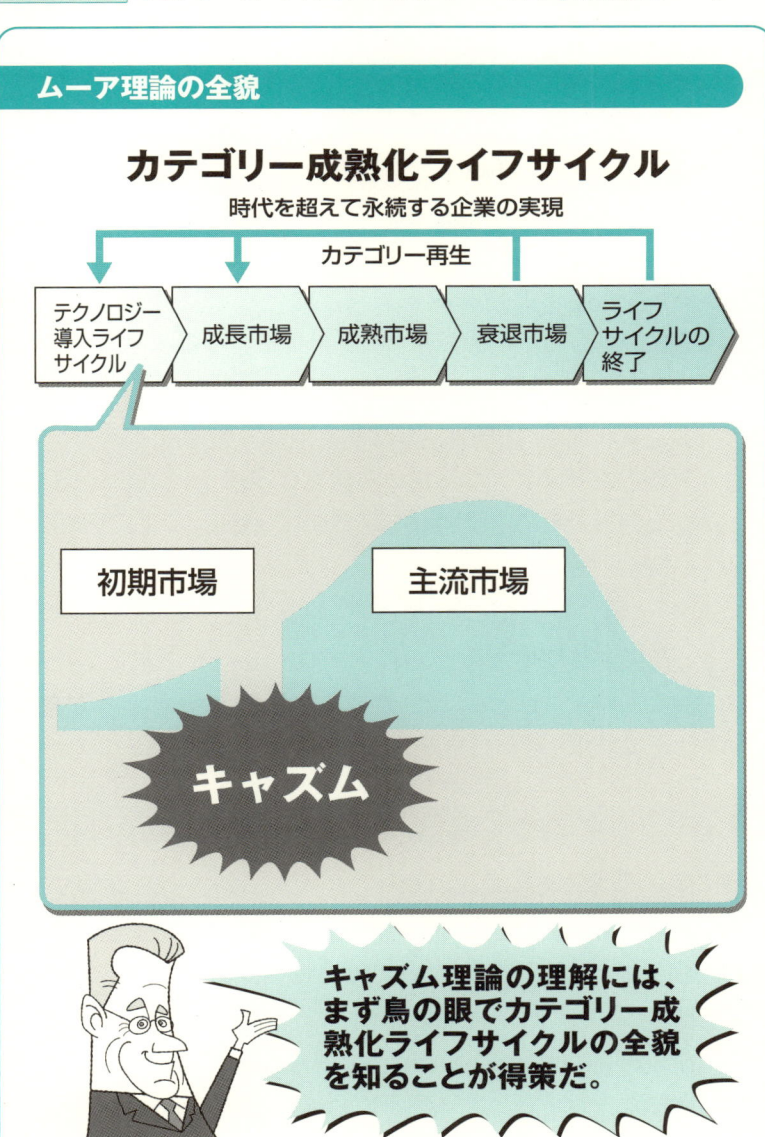

Reference Guide　ジェフリー・ムーア『ライフサイクルイノベーション』(翔泳社) 17ページ

ムーア理論の全貌

カテゴリー成熟化ライフサイクル
時代を超えて永続する企業の実現

カテゴリー再生

テクノロジー導入ライフサイクル → 成長市場 → 成熟市場 → 衰退市場 → ライフサイクルの終了

初期市場　　主流市場

キャズム

> キャズム理論の理解には、まず鳥の眼でカテゴリー成熟化ライフサイクルの全貌を知ることが得策だ。

1　キャズム理論のエッセンス

1-5 イノベーションとキャズム理論

キャズム理論およびムーア理論を理解する上でもう一つ注意したいのが、イノベーションとの関係です。キャズム理論は、イノベーションを普及させる方法を提示します。

1 イノベーション論の種類

キャズム理論がイノベーション採用者カテゴリーを援用していることからも、イノベーションとの関係が深いことがわかります。イノベーション普及理論を提唱したロジャーズは、何者かによって新しいと知覚されたアイデアや習慣、対象物を**イノベーション**と定義しました。その上でその普及過程を明らかにしたのが、ロジャーズのイノベーション普及理論です。

イノベーションの普及には、そもそもイノベーションそれ自体が必要です。このように考えると、イノベーションをテーマにした理論には、**❶イノベーションの開発**、**❷開発したイノベーションの普及**、という大きく2つの種類があると言えるでしょう。

2 イノベーションへのアプローチとキャズム理論

❶に関して代表的なのが、ドラッカーのイノベーション論やブルー・オーシャン戦略です(20ページおよび42ページのコラム参照)。また、❷について言及するのが、ロジャーズのイノベーション普及理論であり、キャズム理論やムーア理論に他なりません。

したがって、キャズム理論は、イノベーションの発見手法を扱った理論でないことに要注意です。あくまでも、発見したイノベーションを普及させる道筋を示したものだと考えてください。

Reference Guide　エベレット・ロジャーズ『イノベーションの普及』(翔泳社) 16ページ

イノベーション論の種類

イノベーション論

- ❶ **イノベーションの開発**
  - ドラッカーのイノベーション論
  - キムとモボルニュのブルー・オーシャン戦略　etc

- ❷ **開発したイノベーションの普及**
  - ロジャーズのイノベーション普及理論
  - ムーアのムーア理論、キャズム理論　etc

> どこに焦点を当てるかによって、イノベーション論にも違いがある。

1　キャズム理論のエッセンス

17

1-6 キャズム理論を円滑かつ深く理解する

キャズム理論を円滑かつ深く理解するには、ムーア理論の把握、キャズムのメカニズムの把握、クロッシング・ザ・キャズム戦略の理解、このように歩を進めることを推奨します。

1 キャズム理論を円滑に理解するために

右図は、ムーアのキャズム理論をスムーズに理解するためのロードマップです。現在私たちがいるのが一番上のボックスです。この章を通して、ムーアが提唱したキャズム理論の概要が、なんとなくご理解いただけたと思います。

理解をさらに深めるには、1-4節でも述べたように、まず**ムーア理論の全貌**について大枠を把握するのが得策です。そのためには、ムーア理論のベースになっているイノベーション採用者カテゴリーや製品ライフサイクルなどの考え方について知ることが重要になります。これらについて解説したのが第2章です。

次に**キャズムのメカニズム**について説明します。すなわち、初期市場で成功した製品が、主流市場で失敗するメカニズムです。このメカニズムを理解した上で、キャズムを飛び越えるための戦略、すなわち**クロッシング・ザ・キャズム戦略**について理解してください。これらを解説したのが第3章と第4章です。

さらに最終章では、企業が時代を超えて永続するために、クロッシング・ザ・キャズム戦略以外で**重要となる各種戦略**について解説しました。以上を通して、キャズム理論の基本を円滑に理解できるはずです。では、ムーアのキャズム理論のさらに深層に迫ることにしましょう。

one point　ハイテク製品以外にも適用可能

キャズム理論の対象は、基本的にハイテク製品です。しかし、本書を読んでいただければ、ハイテク技術以外にも応用可能だということがご理解いただけるはずです。実際ムーア自身も同様のことを述べています。

Reference Guide　ジェフリー・ムーア『キャズム』(翔泳社)7ページ

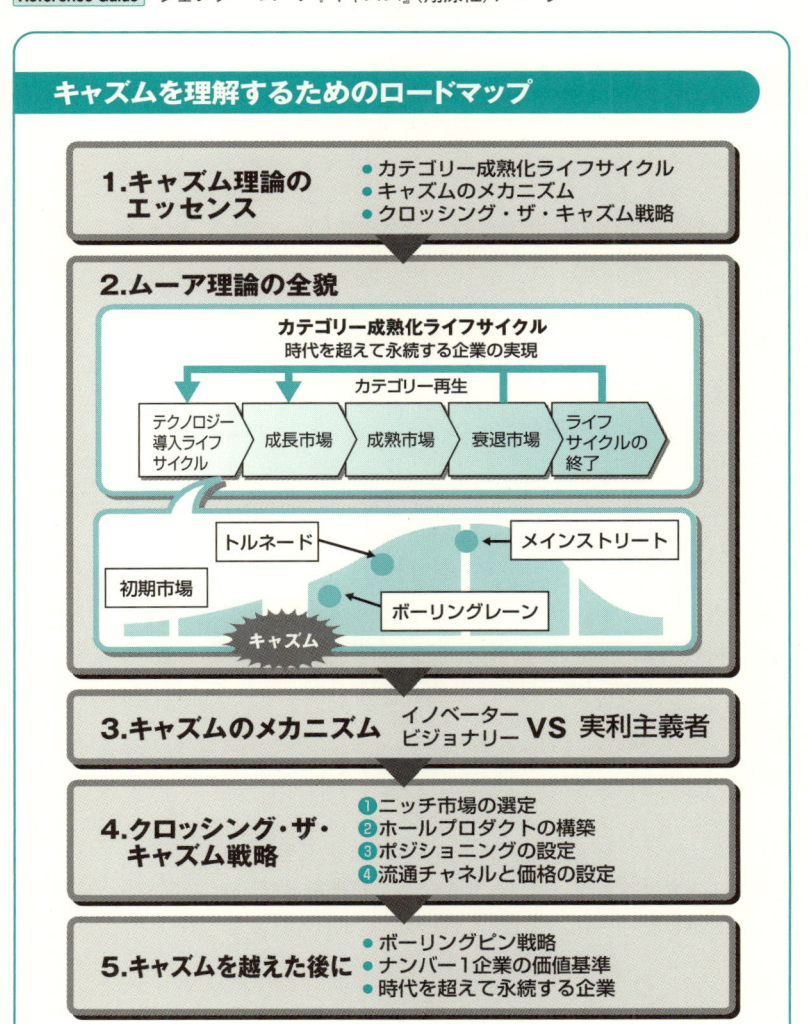

キャズムを理解するためのロードマップ

1. キャズム理論のエッセンス
- カテゴリー成熟化ライフサイクル
- キャズムのメカニズム
- クロッシング・ザ・キャズム戦略

2. ムーア理論の全貌

カテゴリー成熟化ライフサイクル
時代を超えて永続する企業の実現

カテゴリー再生

テクノロジー導入ライフサイクル → 成長市場 → 成熟市場 → 衰退市場 → ライフサイクルの終了

- 初期市場
- トルネード
- ボーリングレーン
- メインストリート
- キャズム

3. キャズムのメカニズム　イノベーター／ビジョナリー **VS** 実利主義者

4. クロッシング・ザ・キャズム戦略
1. ニッチ市場の選定
2. ホールプロダクトの構築
3. ポジショニングの設定
4. 流通チャネルと価格の設定

5. キャズムを越えた後に
- ボーリングピン戦略
- ナンバー1企業の価値基準
- 時代を超えて永続する企業

1　キャズム理論のエッセンス

Column コラム ドラッカーのイノベーション論

イノベーションをテーマにした理論には、❶イノベーションの開発、❷開発したイノベーションの普及、という大きく2つのアプローチがあります（1-5節参照）。❶に該当する、イノベーションを発見する体系的手法を論じたものとしては、ドラッカーのイノベーション論、キムとモボルニュのブルー・オーシャン戦略などがあります。ここではドラッカーのイノベーション論について簡単に触れましょう。ブルー・オーシャン戦略については、42ページのコラム「ブルー・オーシャン戦略」を参照してください。

ドラッカーは、企業の目的である**顧客創造**を実現する上で、**マーケティングとイノベーション**が2大機能だと述べました。そして、名著『イノベーションと企業家精神』（ダイヤモンド社）の中で、イノベーションを体系的に追求する手法について言及しています。

同書でドラッカーは、世の中にはイノベーションを実現するための機会が存在すると言います。そして、その機会をうまくつかまえることが、イノベーション推進の第一歩になると指摘しました。

ドラッカーが掲げたイノベーションのための機会は全部で7つです。❶予期せぬことの生起（予期せぬ成功ほか）、❷ギャップの存在、❸ニーズの存在、❹産業構造の変化、❺人口構造の変化、❻認識の変化、❼新しい知識の出現、がそれです。

中でも重要なのが、❶**予期せぬ成功**です。例えば、当初予期していなかった顧客層に製品が売れたとか、新人が予期しなった成果を上げたなどは、いずれも予期せぬ成功の一つです。

通常、こうした予期せぬ成功は偶然として済まされてしまいがちです。しかし、前提としていた環境が変化したために、予期せぬ成功が生じたとも考えられます。これが事実だとすると、予期せぬ成功をさらに追求することで、さらなる成功が得られることになります。

予期せぬ成功の追求は、最も身近なイノベーション発見手法として心得ておくべきです。

第2章 ムーア理論の全貌

キャズム理論を理解するには、ムーア理論の全貌を理解するのが得策です。そうすれば、キャズム理論をよりスムーズに理解できます。

1. キャズム理論のエッセンス
- カテゴリー成熟化ライフサイクル
- キャズムのメカニズム
- クロッシング・ザ・キャズム戦略

2. ムーア理論の全貌

カテゴリー成熟化ライフサイクル
時代を超えて永続する企業の実現

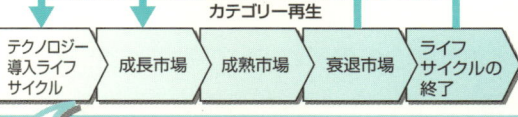

カテゴリー再生

テクノロジー導入ライフサイクル → 成長市場 → 成熟市場 → 衰退市場 → ライフサイクルの終了

- 初期市場
- トルネード
- ボーリングレーン
- メインストリート
- キャズム

3. キャズムのメカニズム
イノベーター ビジョナリー **VS** 実利主義者

4. クロッシング・ザ・キャズム戦略
1. ニッチ市場の選定
2. ホールプロダクトの構築
3. ポジショニングの設定
4. 流通チャネルと価格の設定

5. キャズムを越えた後に
- ボーリングピン戦略
- ナンバー1企業の価値基準
- 時代を超えて永続する企業

2-1 カテゴリー成熟化ライフサイクル

キャズム理論はムーア理論の一部です。そして、ムーア理論の全貌を示すのがカテゴリー成熟化ライフサイクルです。まず、この理論の全体を把握し、その後キャズムの詳細にふれましょう。

1 2つのライフサイクルが並立する

　前章でも若干ふれたように、ムーア理論の中核を占める**カテゴリー成熟化ライフサイクル**とは、ある市場区分における製品の誕生から衰退までを示したものです。このモデルには、❶テクノロジー導入ライフサイクル、❷成長市場、❸成熟市場、❹衰退市場、❺ライフサイクルの終了、という5つの段階があります（次ページ図参照）。そして、ライフサイクルのそれぞれの段階において適切なマーケティングを実施することで、組織が永続して存在することを目指します。これがカテゴリー成熟化ライフサイクルの基本となる考え方、いわば**ムーア理論**の根幹になります。

　次に、同モデルの先頭に位置付けられている**テクノロジー導入ライフサイクル**に注目してください。少々まぎらわしいですが、この箇所はカテゴリー成熟化ライフサイクルと並立して、一つのライフサイクルを形成しています。製品がある市場カテゴリーに導入されると、この製品はテクノロジー導入ライフサイクルを経験します。このライフサイクルでは、初期市場、キャズム、ボーリングレーン、メインストリートという成長過程を経ます。これをうまく乗り越えた製品は、やがて成熟市場の段階に入ります。そして、衰退市場、ライフサイクルの終了という一生をたどると、ムーアは主張しています。

Reference Guide　ジェフリー・ムーア『ライフサイクルイノベーション』(翔泳社)17〜26ページ

2 ムーア理論の全貌

カテゴリー成熟化ライフサイクルの全貌

- メインストリート
- トルネード
- 初期市場
- ❷成長市場
- ❸成熟市場
- ❹衰退市場
- 再生イノベーション
- キャズム
- ボーリングレーン
- フォールトライン
- ❶テクノロジー導入ライフサイクル
- ❺ライフサイクルの終了

ムーア理論のベースになる カテゴリー成熟化ライフサイクル

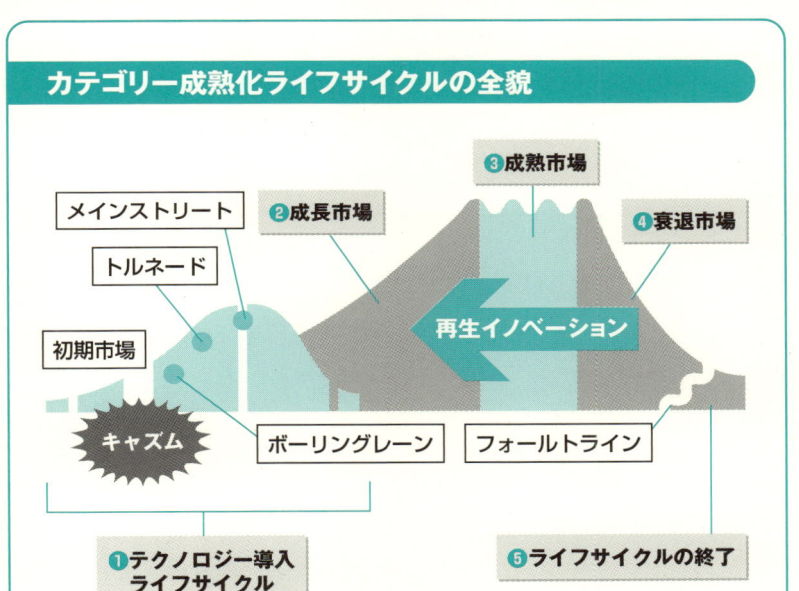

出典：ムーア『ライフサイクルイノベーション』(翔泳社)18、20、224ページなどを基に作成

> カテゴリー成熟化ライフサイクルには5つのステージがある。

2-2 カテゴリー成熟化ライフサイクルのベース理論

カテゴリー成熟化ライフサイクルは、製品ライフサイクルとイノベーション採用者カテゴリーを基礎にしています。まず、この二重構造を理解してください。

1 2つのパーツから成る

前節でも見たように、カテゴリー成熟化ライフサイクルは2つのパーツから成ります。

一つは、5つのステージをもつライフサイクル全体です。もう一つは、このライフサイクルの導入にあたる部分です。ムーアがこの部分をテクノロジー導入ライフサイクルと呼ぶのは先に見たとおりです。

まず、前者のカテゴリー成熟化ライフサイクル全体ですが、これはマーケティングで一般的に知られている製品ライフサイクルをベースにしています。一方、テクノロジー導入ライフサイクルは、ロジャーズのイノベーション採用者カテゴリーを基本にしたものです（1-2節参照）。

2 既存の2理論について理解する

よって、キャズム理論、さらにはムーアの理論を深く理解しようと思うと、

❶製品ライフサイクル
❷イノベーション採用者カテゴリー

これらの理解が欠かせません。そして両者を理解することで、キャズム理論を理解するのが極めて容易になるはずです。

製品ライフサイクルとイノベーション採用者カテゴリー

●カテゴリー成熟化ライフサイクル

テクノロジー導入ライフサイクル

- トルネード
- 初期市場
- メインストリート
- キャズム
- ボーリングレーン
- 成長市場
- 成熟市場
- 衰退市場
- ライフサイクルの終了
- フォールトライン

2 ムーア理論の全貌

●イノベーション採用者カテゴリー

- イノベーター
- 初期採用者
- 初期多数派
- 後期多数派
- ラガート

●製品ライフサイクル

売上 / 時間
- 導入期
- 成長期
- 成熟期
- 衰退期

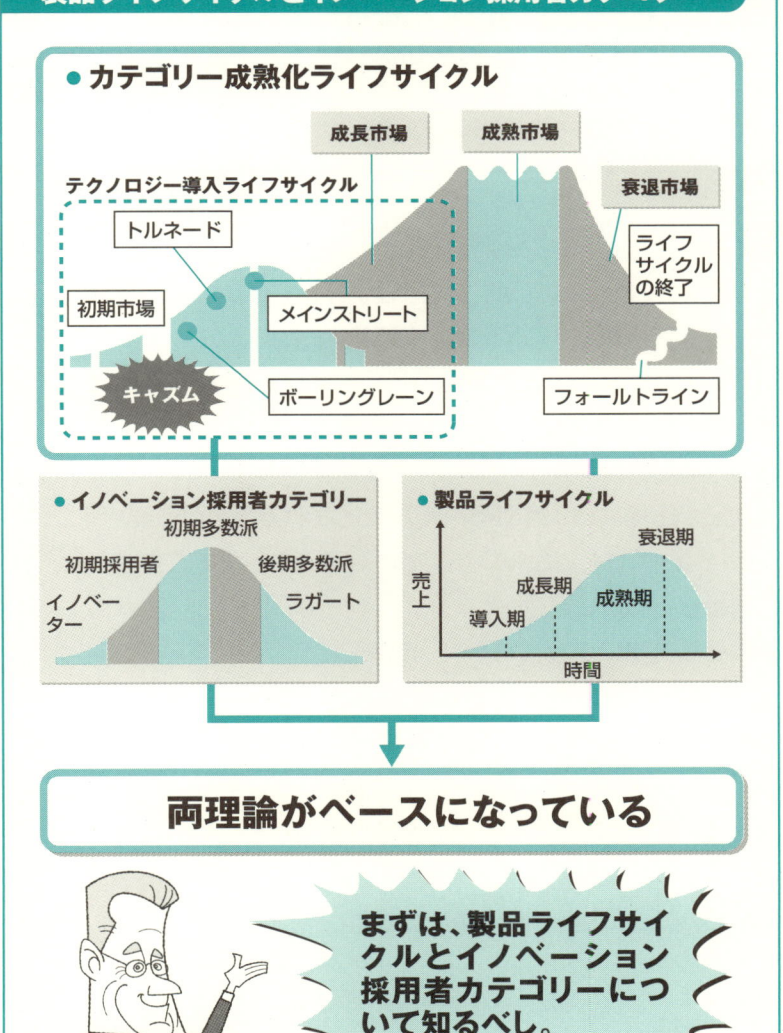

両理論がベースになっている

まずは、製品ライフサイクルとイノベーション採用者カテゴリーについて知るべし。

2-3 製品ライフサイクルを理解する

製品ライフサイクルは、製品の市場導入から衰退までをモデル化したマーケティング理論です。❶導入期、❷成長期、❸成熟期、❹衰退期の4つのステージがあります。

1 製品ライフサイクルとは何か

製品ライフサイクルは、プロダクト・ライフサイクル（略称PLC）とも呼ばれます。マーケティング理論の一つとしてつとに有名です。フィリップ・コトラーは、製品ライフサイクルを4つに分類し、それぞれの特徴を次のように語っています。

❶導入期

製品が市場に導入される時期。大きな導入費用が必要ですが、売上はゆっくりとしか伸びず収益は得難いのが特徴です。

❷成長期

製品が市場に受け入れられ、急速に市場が成長する時期です。これに応じて売上も上昇します。

❸成熟期

製品が潜在的顧客にほぼ一巡した時期です。売上は頭打ちとなります。収益は安定するものの競争が極めて激しくなります。

❹衰退期

製品の売上・収益ともに減少します。

なお、ムーアのカテゴリー成熟化ライフサイクルでは、さらに第5段階としてライフサイクルの終了というステージを設けています。

> **one point** **フィリップ・コトラー**

アメリカのマーケティング学者で現代マーケティングの第一人者。コトラーのマーケティング論を集大成したものには『コトラーのマーケティング・マネジメント　ミレニアム版』、『マーケティング原理』があります。

> **one point** **製品ライフサイクルの適用範囲**

製品ライフサイクルは一般的に、製品カテゴリー、製品形態、製品、ブランドに適用できると考えられています。その一方で、これらのみならず業界にも適用できるという意見もあります。例えば、経営学者マイケル・ポーターなどはこの立場をとっています。

> **Reference Guide** フィリップ・コトラー『コトラーのマーケティング・マネジメント　ミレニアム版』(ピアソン・エデュケーション)378ページ

製品ライフサイクル

（縦軸：売上、横軸：時間。導入期→成長期→成熟期→衰退期のS字カーブ）

導入期	製品が市場に導入される時期。大きな導入費用が必要だが、売上はゆっくりとしか伸びず収益は得にくいのが特徴。
成長期	製品が市場に受け入れられ、急速に市場が成長する時期。これに応じて売上も上昇する。
成熟期	製品が潜在的顧客に一巡した時期。売上は頭打ちとなる。収益は安定するものの競争が極めて激しくなる。
衰退期	製品の売上、収益ともに減少する。

2　ムーア理論の全貌

2-4 ロジャーズのイノベーション普及理論

イノベーション普及理論を提唱したエベレット・ロジャーズは、人がイノベーションを受け入れる場合、❶知識、❷説得、❸決定、❹導入、❺確認というプロセスをとると語りました。

1 イノベーション決定過程の5段階

ロジャーズは、何者かによって新しいと知覚されたアイデアや習慣、対象物のことを**イノベーション**と定義しました（1-5節参照）。そして、このイノベーションがあるコミュニケーション経路を通じて人々に普及する過程をイノベーション普及過程と呼びます。さらに、人がイノベーションの採用をどういう過程で決定するのかを明らかにしたのが、**イノベーション決定過程**です。

ロジャーズは人や社会がイノベーションを受け入れるか否かの意思を決定する際に次のような過程をたどると言います。

❶知識、❷説得、❸決定、❹導入、❺確認がそれです。

人は、イノベーションの存在を知り、その機能を理解します（❶）。その後、そのイノベーションが自分にとって好ましいか否かの判断を形成します（❷）。その上でイノベーションを採用するか否かが決まります（❸）。そして、採用された場合、新たなイノベーションが導入され（❹）、初期の期待と合致していたかを確認します（❺）。

さらに重要なのは、❹導入にあたり、人がもつ革新性の違いにより導入に時間差がある、とロジャーズが提唱する点です。この時間差により、繰り返しふれている**イノベーション採用者カテゴリー**が形成されます。

> **one point** **ロジャーズのイノベーション定義の特徴**
>
> ロジャーズのイノベーションの定義では、イノベーションの及ぼす影響(例えば大きいとか小さいとか)については考慮されていないのが特徴です。ロジャーズの立場では、ある人に新しいと知覚されたものは、すべてイノベーションになります。

Reference Guide エベレット・ロジャーズ『イノベーションの普及』(翔泳社)84〜86ページ

ロジャーズのイノベーション普及理論

ロジャーズによるイノベーション定義
何者かによって新しいと知覚されたアイデアや習慣、対象物

▼

イノベーション決定過程

知識	イノベーションの存在と機能を知る
説得	自分に好ましいかどうか判断する
決定	採用するか否かを決定する
導入	イノベーションを導入する
確認	期待どおりか確認する

2 ムーア理論の全貌

2-5 イノベーション採用者カテゴリー

イノベーションは、「新しいアイデアを採用する度合い」、すなわち革新性の高い人から順に普及します。ロジャーズはこの点に着目し、イノベーション採用者カテゴリーを考案しました。

1 5種類のカテゴリー

イノベーションは、革新性の違いにより、人によって時間的なズレが生じます。ロジャーズはこの普及の過程に注目し、イノベーションを採用する人を、その採用時期で5つのカテゴリーに区分しました。❶イノベーター、❷初期採用者、❸初期多数派、❹後期多数派、❺ラガードがそれで、これをイノベーション採用者カテゴリーと呼びます。

2 正規分布グラフにカテゴリーを割り振る

一方、イノベーションの普及はS曲線を描くことから、ロジャーズは採用者全体（イノベーションの潜在的採用者）を正規分布グラフで表現することを思い付きます。正規分布では、平均からの散らばりの度合い、すなわち、標準偏差がプラス・マイナス1シグマ（σ）の範囲だと、全体の約68%をカバーします。これがプラス・マイナス2シグマの範囲になると約95%になります。

ロジャーズはこの考え方を活用し、イノベーターを平均から2シグマを差し引いた左端2.5%、初期採用者を－2シグマと－1シグマの間の13.5%と設定しました。以下、初期多数派（平均から左の1シグマ／34%）、後期多数派（平均から右側の1シグマ／34%）、ラガード（平均から1シグマ差し引いた右端／16%）と定義します。

> **one point** **S曲線**

イノベーション導入時は緩やかな曲線、その後、成長時に急激なカーブを描き、成熟時に再び緩やかな曲線になります。左端が左側、右端が右側に引っ張られた様子を描くことから、S曲線と呼ばれます。**S字カーブ**とも呼びます。

> **one point** **シグマ**

標準偏差は分散の平方根をとったものです。この値は一般にシグマ（σ）という単位で表現されます。

Reference Guide エベレット・ロジャーズ『イノベーションの普及』（翔泳社）228～231ページ

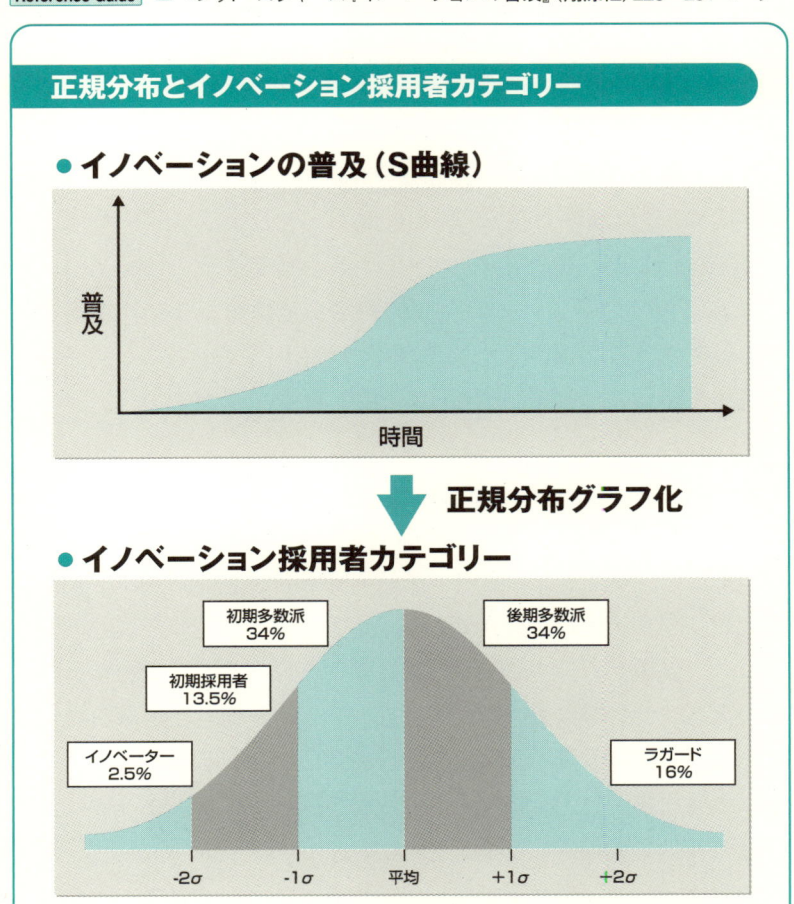

2 ムーア理論の全貌

正規分布とイノベーション採用者カテゴリー

● **イノベーションの普及（S曲線）**

縦軸：普及　横軸：時間

↓ 正規分布グラフ化

● **イノベーション採用者カテゴリー**

- イノベーター 2.5%
- 初期採用者 13.5%
- 初期多数派 34%
- 後期多数派 34%
- ラガード 16%

横軸：-2σ　-1σ　平均　+1σ　+2σ

出典：エベレット・ロジャーズ『イノベーションの普及』（翔泳社）229ページを基に作成

2-6 両理論を重ね合わせる理由

イノベーション採用者カテゴリーは、製品ライフサイクルの導入期および成長期にうまく重なり合います。これはムーアが、両理論を用いてカテゴリー成熟化ライフサイクルを構築した理由です。

1 イノベーション採用者カテゴリーに製品が一巡すると

ムーアが、製品ライフサイクルとイノベーション採用者カテゴリーを組み合わせ、独自のカテゴリー成熟化ライフサイクルを構築したのには、それなりの理屈があると見るべきです。

まず注目したいのが、イノベーション採用者カテゴリーです。これはある製品カテゴリーの潜在的利用者全体を示すと考えられます。したがって、イノベーション採用者カテゴリー全体に製品が行き渡った時点で、市場は成熟化することを意味します。

2 製品ライフサイクルに重ね合わせる

これを製品ライフサイクルに重ね合わせて考えてみましょう。イノベーション採用者カテゴリーの正規分布は、その始まりは製品ライフサイクルの導入期の始まりに一致します。また、正規分布の終わりは、製品ライフサイクルの成長期の終わりとほぼ一致することでしょう。以上のような考え方からムーアは、両者を組み合わせてカテゴリー成熟化ライフサイクルを構築したものと思われます。

米大手広告会社の元副社長ジェームス・W・ヤングは、「アイデアとは既存の要素の新しい組み合わせ以外の何ものでもない」と喝破しました。ムーアのカテゴリー成熟化ライフサイクルも、明らかにその一つと言えそうです。

> **one point** ジェームス・W・ヤング

広告会社J・ウォルター・トムプソンの元副社長。ヤングが著した『アイデアのつくり方』は、アイデア発想のバイブルとも言えるものです。

Reference Guide ジェームス・W・ヤング『アイデアのつくり方』(TBSブリタニカ) 28ページ

両理論の結合

● イノベーションの普及(S曲線)

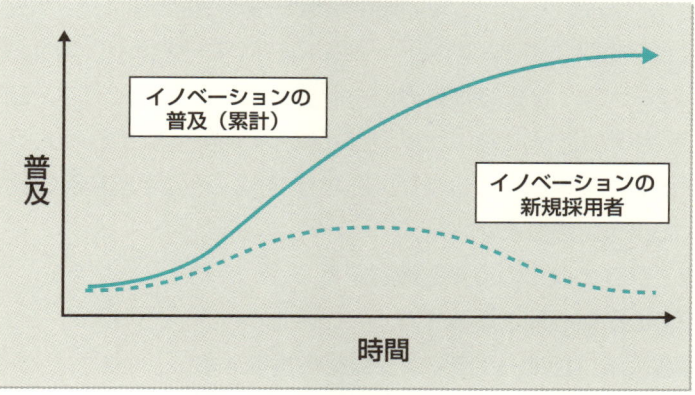

縦軸: 普及 / 横軸: 時間
- イノベーションの普及(累計)
- イノベーションの新規採用者

⬇

製品ライフサイクルでいうと導入期と成長期に、採用者カテゴリーがほぼ合致する

⬇

両者を重ねてカテゴリー成熟化ライフサイクルが成立する

2 ムーア理論の全貌

2-7 カテゴリー成熟化ライフサイクルのマーケティング

製品ライフサイクルでは、それぞれのステージに応じたマーケティングが不可欠です。製品ライフサイクルを援用するカテゴリー成熟化ライフサイクルでも事情は同じです。

1 ステージに応じたマーケティング

　製品ライフサイクルのステージに応じたマーケティングの必要性は、マーケティングの教科書にも記述されている鉄則です。したがって、カテゴリー成熟化ライフサイクルでも、それぞれのステージに対応したマーケティングが欠かせません。その手順を簡略化すると次のようになります。

❶ライフサイクルの位置を理解する
❷顧客の購買心理を理解する
❸顧客に応じたマーケティング戦略を推進する

2 テクノロジー導入ライフサイクルに要注意

　上記で留意すべきなのが、対象となる市場や製品のライフサイクルが、従来の製品ライフサイクルで導入期から成長期に位置にする場合です。その場合の分析は、テクノロジー導入ライフサイクル(イノベーション採用者カテゴリー)を活用し、それぞれのステージに応じたマーケティングが必要になります。

　中でも、テクノロジー導入ライフサイクルの初期市場(イノベーターと初期採用者)から主流市場(初期多数派)へと移行する段階では、キャズムに配慮した展開が欠かせません。次節では、この点をより詳しく説明しましょう。

Reference Guide ジェフリー・ムーア『キャズム』(翔泳社)40ページ

マーケティングへの応用

● カテゴリー成熟化ライフサイクル

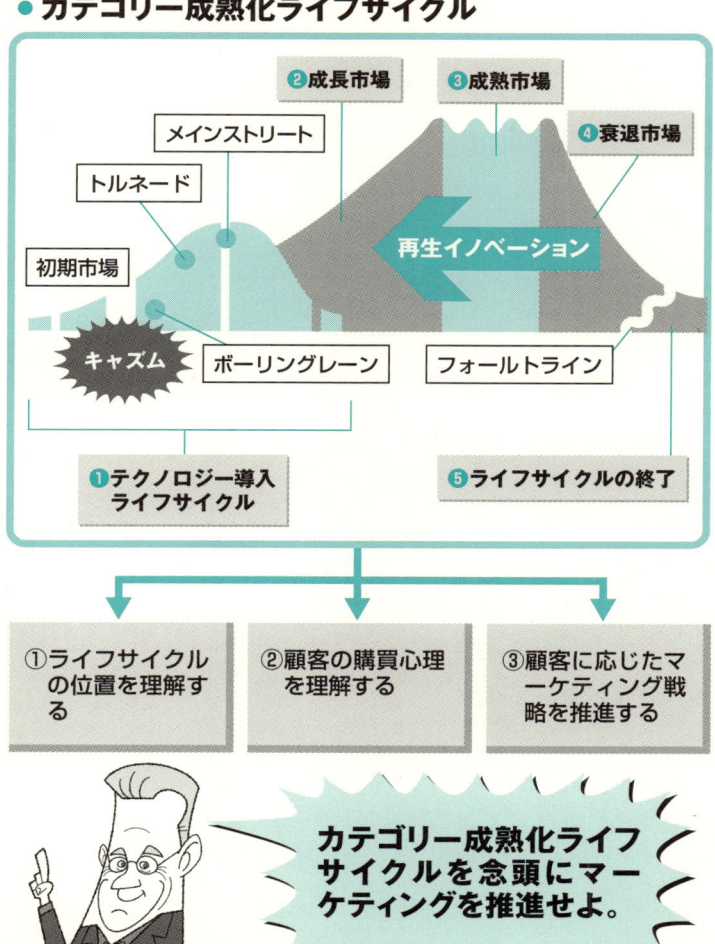

- ❷成長市場
- ❸成熟市場
- ❹衰退市場
- メインストリート
- トルネード
- 初期市場
- 再生イノベーション
- キャズム
- ボーリングレーン
- フォールトライン
- ❶テクノロジー導入ライフサイクル
- ❺ライフサイクルの終了

↓

| ①ライフサイクルの位置を理解する | ②顧客の購買心理を理解する | ③顧客に応じたマーケティング戦略を推進する |

カテゴリー成熟化ライフサイクルを念頭にマーケティングを推進せよ。

2 ムーア理論の全貌

2-8 イノベーション採用者カテゴリーとキャズム

ムーアは、ロジャーズが提唱したイノベーション採用者カテゴリーには、3つの裂け目があると指摘します。そして、その中の最大のものがキャズムに他なりません。

1 ターゲットの購買心理

イノベーション採用者カテゴリーを構成する5つのグループは、それぞれ異なる購買心理をもつはずです。これは、革新性の違いが5つのグループを形成したことからも明らかです。

となると、イノベーションが普及していく中で、あるカテゴリーに製品が行き届き、次のカテゴリーに普及する場合、カテゴリーによる購買心理の違いが、イノベーションの円滑普及を妨げる一つの溝になると考えられます。言い換えるならば、同じマーケティング手法が必ずしも全カテゴリーに通じるわけではないということです。

2 最大の裂け目がキャズム

ムーアは、この溝、すなわち裂け目を3つ指摘しました。中でも大きく深いのは、初期採用者と前期多数派の間に横たわる裂け目です。これがキャズムに他なりません。この裂け目が大きく深いということは、言い換えると、初期採用者と初期多数派の顧客心理はまったく異なる、ということに他なりません。

そしてこれに気付かずに、イノベーターや初期採用者（両者を総合して初期市場）で実行したマーケティングを、初期多数派（主流市場）に持ち込むことこそが、新製品が主流市場で普及しない大きな原因になると、ムーアは指摘します。

one point　3つの深い溝

　キャズムよりは裂け目は小さいものの、イノベーターと初期採用者の間、前期多数派採用者と後期多数派再使用者の間にも、比較的大きな裂け目があるとムーアは言います。またムーアは、この小さな裂け目を**クラック**と呼びます。

Reference Guide　ジェフリー・ムーア『キャズム』(翔泳社) 28〜30ページ

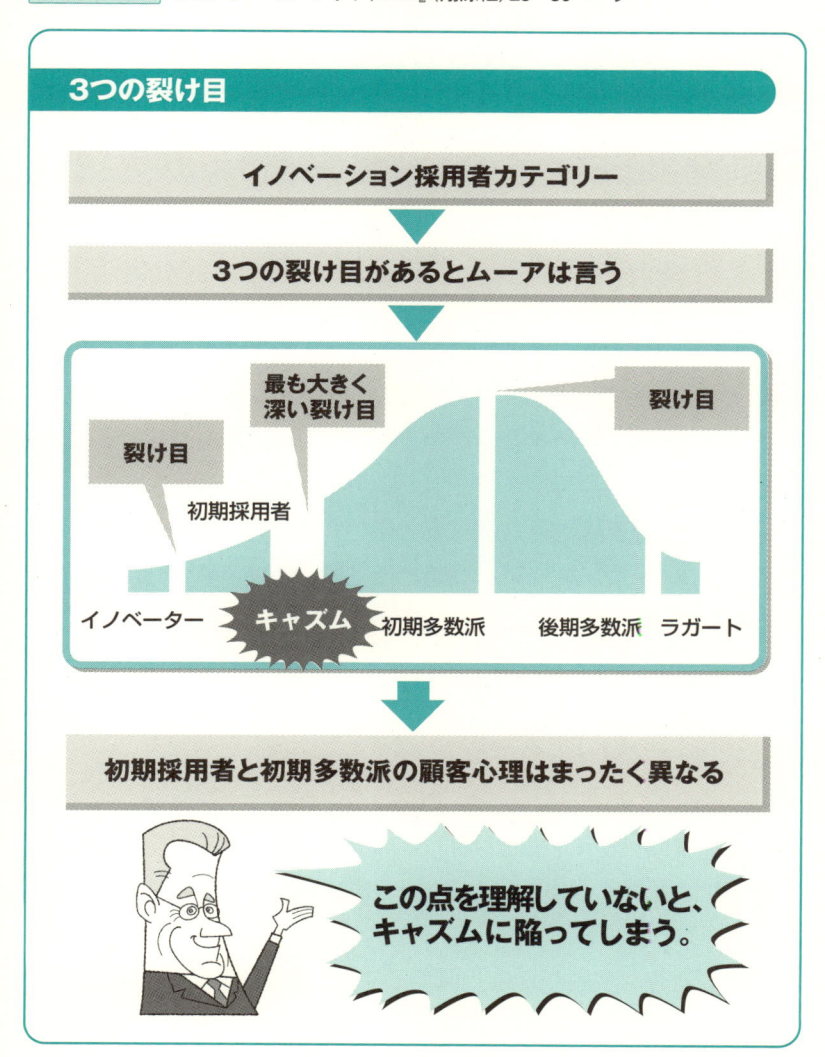

3つの裂け目

イノベーション採用者カテゴリー

↓

3つの裂け目があるとムーアは言う

↓

裂け目　　最も大きく深い裂け目　　裂け目

イノベーター　キャズム　初期採用者　　初期多数派　　後期多数派　ラガート

↓

初期採用者と初期多数派の顧客心理はまったく異なる

> この点を理解していないと、キャズムに陥ってしまう。

2　ムーア理論の全貌

2-9 テクノロジー導入ライフサイクル

ムーアは、キャズムをはじめとした、イノベーション採用者間に横たわる裂け目を考慮に入れ、イノベーション採用者カテゴリーをアレンジします。それがテクノロジー導入ライフサイクルです。

1 テクノロジー導入ライフサイクルの5つのポイント

テクノロジー導入ライフサイクルには、重要な5つのポイントがあります。そして、それぞれのポイントに応じたマーケティングが不可欠だと、ムーアは言います。

①初期市場

製品が導入される最初の市場です。ここでは、斬新性や将来的な可能性が、製品を採用する上での重要な価値基準になります。

②キャズム

初期市場と初期多数派の間にある裂け目です。これを越えるには、クロッシング・ザ・キャズム戦略とでも呼ぶべき行動を起こす必要があります。

③ボーリングレーン

主流市場攻略の初期段階です。ニッチ市場を橋頭堡にして、周辺市場を攻略するステージです。

④トルネード

主流市場に一挙に製品が流れ込む時期です。ここでは、市場シェアをいかに獲得するかが、これ以降の良し悪しを決めます。

⑤メインストリート

市場の急速な成長が止まる時期です。これ以降は、顧客との親密性や経営管理の効率化が重要課題になります。

| Reference Guide | ジェフリー・ムーア『ライフサイクルイノベーション』(翔泳社) 20～23ページ

テクノロジー導入ライフサイクル

① 初期市場
②
③ ボーリングレーン
④ トルネード
⑤ メインストリート

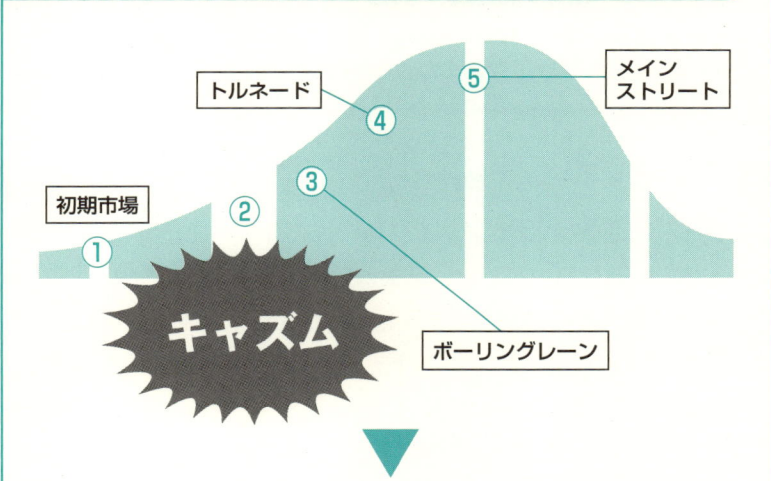

キャズム

▼

カテゴリー成熟化ライフサイクルの先頭に位置するテクノロジー導入ライフサイクルは、5つのポイントからなる

テクノロジー導入ライフサイクルは、あくまでもカテゴリー成熟化ライフサイクルの一部なので混同しないように。

2 ムーア理論の全貌

2-10 テクノロジー導入ライフサイクル以降の対応

市場に導入された製品は、キャズムを上手に越えたのちに、ボーリングレーンなどのポイントを通過していきます。そしてやがて、カテゴリー成熟化ライフサイクルの成熟市場へと移行します。

1 メインストリートから成熟市場へ

カテゴリー成熟化ライフサイクルには、導入期から成長期に相当する5つの段階がありました。テクノロジー導入ライフサイクルを経た製品は、成熟市場、さらには衰退市場へと移行します。そして、それぞれの段階で実行すべきマーケティング上の定石が存在します。

例えば、成熟市場では、顧客インティマシー（顧客との親密性）とオペレーションの卓越性を重視します。その上で、これらを目的とするイノベーションの推進を提唱します。また、衰退市場では、市場カテゴリーを再生するイノベーションの展開を求めます。ここでは、オペレーションの卓越性と製品のリーダーシップが重要になります（詳細は第5章参照）。

2 ムーア理論からキャズム理論へ

以上が、ムーア理論の全体像です。この中でキャズム理論は、テクノロジー導入ライフサイクルの重要な一部を占めます。ムーア理論全体に占めるキャズムの位置付けを、まず頭に刻み付けてください。

では、ムーア理論全体についてはこれくらいにして、次節では初期市場で成功した製品が、主流市場で何故失敗するのか（すなわちキャズムに陥るのか）、そのメカニズムを説き明かすことにしましょう。

> **one point** キャズム以降の展開

キャズムを越えたあとの展開については、第5章でその概要についてふれています。

Reference Guide ジェフリー・ムーア『ライフサイクルイノベーション』(翔泳社)24〜26ページ

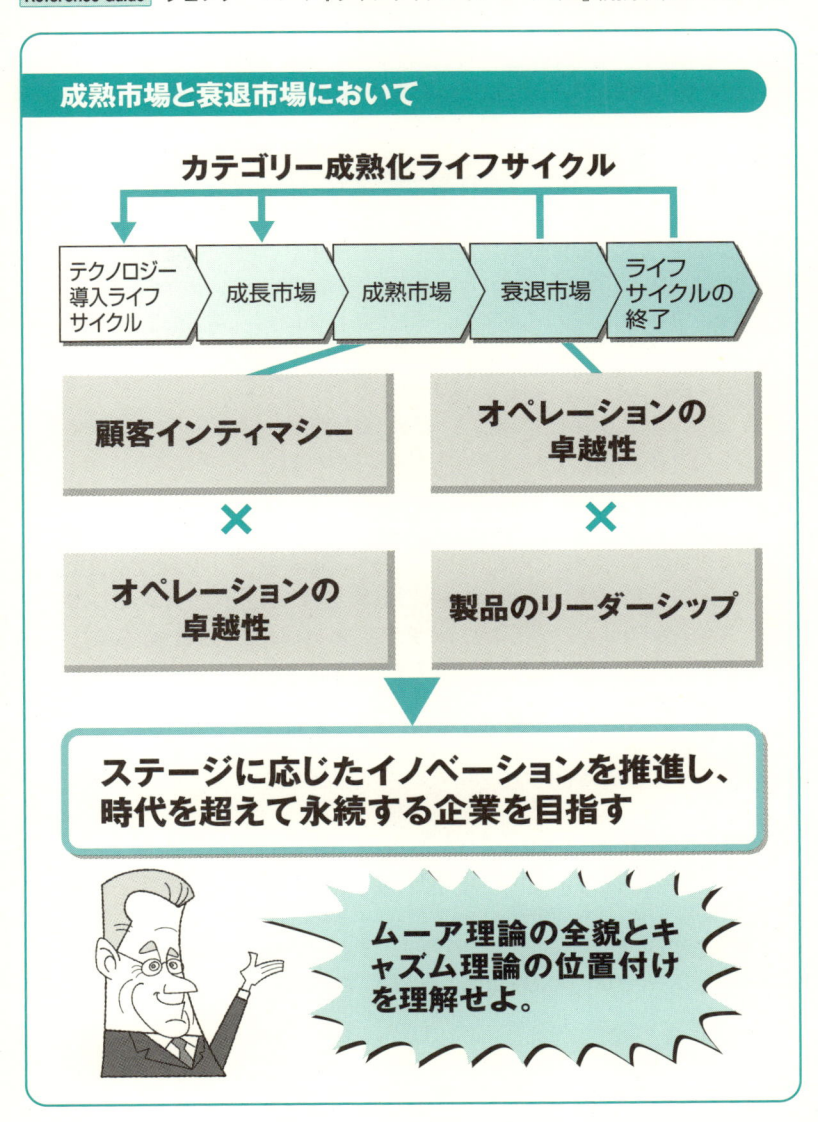

成熟市場と衰退市場において

カテゴリー成熟化ライフサイクル

テクノロジー導入ライフサイクル → 成長市場 → 成熟市場 → 衰退市場 → ライフサイクルの終了

顧客インティマシー	オペレーションの卓越性
×	×
オペレーションの卓越性	製品のリーダーシップ

ステージに応じたイノベーションを推進し、時代を超えて永続する企業を目指す

ムーア理論の全貌とキャズム理論の位置付けを理解せよ。

2 ムーア理論の全貌

Column コラム ブルー・オーシャン戦略

　本文20ページのコラムでは、イノベーションを体系的に発見する手法として、ドラッカーのイノベーション論のさわりについてふれました。ここでは、ブルー・オーシャン戦略によるイノベーションの体系的発見について述べましょう。

　ブルー・オーシャン戦略は、フランスのビジネス・スクールINSEADで経営戦略論を教えるW・チャン・キムとレネ・モボルニュによって提唱されました。ブルー・オーシャン戦略は、「未だ生まれていない市場、未知の市場空間」の開拓を目指します。そのために実行するのが、**バリュー・イノベーション**による低コスト化と差別化の同時実現です。

　従来の競争の戦略では、低コスト化または差別化、いずれか一方を選択するのが原則でした。キムとモボルニュはこの原則に反し、両者を両立することでバリュー・イノベーションを、ひいては未知の市場空間を創造できると主張します。

　その具体的手法としてキムとモボルニュが提唱するのが、**4つのアクション**です。これは、現在の業界や製品について、❶Eliminate（すっかり取り除く要素）、❷Reduce（大胆に減らす要素）、❸Raise（大胆に増やす要素）、❹Create（新たに付け加える要素）、これら4点について考え、実行することに他なりません。

　EliminateとReduceにより、不必要な要素を大幅に減らせます。これは大きな低コスト化に結び付くでしょう。また、RaiseとCreateにより、新たな要素が大幅にえます。これを大胆に実行することで、特定要素を強調でき、結果、大きな差別化を図れるでしょう。

　このようにブルー・オーシャン戦略では、4つのアクションで低コスト化と差別化を両立する途を考えることが、イノベーション発見につながると位置付けます。ブルー・オーシャン戦略も、イノベーションを体系的に発見する手法の一つとして、ぜひ押さえておきたいものです。

第3章

キャズムのメカニズム

初期市場で成功した製品が主流市場で失敗する理由はどこにあるのでしょうか。キャズム理論に基づいてそのメカニズムを解明しましょう。

1. キャズム理論のエッセンス
- カテゴリー成熟化ライフサイクル
- キャズムのメカニズム
- クロッシング・ザ・キャズム戦略

2. ムーア理論の全貌

カテゴリー成熟化ライフサイクル
時代を超えて永続する企業の実現

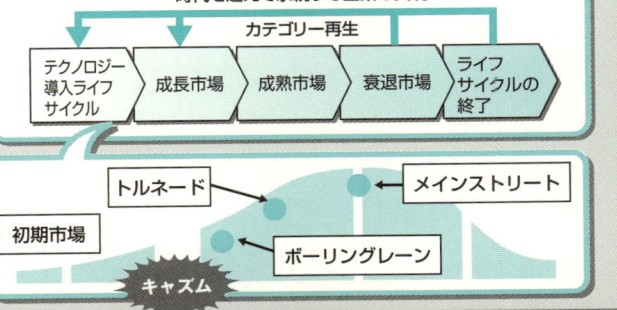

テクノロジー導入ライフサイクル → 成長市場 → 成熟市場 → 衰退市場 → ライフサイクルの終了

カテゴリー再生

- 初期市場
- トルネード
- メインストリート
- ボーリングレーン
- キャズム

3. キャズムのメカニズム　イノベーター／ビジョナリー VS 実利主義者

4. クロッシング・ザ・キャズム戦略
① ニッチ市場の選定
② ホールプロダクトの構築
③ ポジショニングの設定
④ 流通チャネルと価格の設定

5. キャズムを越えた後に
- ボーリングピン戦略
- ナンバー1企業の価値基準
- 時代を超えて永続する企業

3-1 テクノロジー導入ライフサイクルの各特徴

キャズムのメカニズムを知るには、テクノロジー導入ライフサイクル（イノベーション採用者カテゴリー）を構成する5階層それぞれのプロフィールを理解しておくことが欠かせません。

1 採用者カテゴリーを分析する

初期市場で成功した製品が、なぜ主流市場で失敗するのでしょうか。このメカニズムを知るには、テクノロジー導入ライフサイクルのベース理論であるイノベーション採用者カテゴリーを構成する、❶イノベーター、❷初期採用者、❸初期多数派、❹後期多数派、❺ラガード、これら5階層のプロフィールについて理解しておく必要があります。まず、イノベーターから始めましょう。

2 イノベーターのプロフィール

イノベーターは革新者とも呼ばれており、極めて冒険好きなのが大きな特徴です。イノベーターは、その筋におけるカリスマと呼ばれる人をイメージすればいいかもしれません。ハイテク市場ならば、さしずめハイテク・マニアと呼ばれる人々です。

こうしたイノベーターは、

- 専門知識が豊富
- 専門知識を用いた応用よりも、むしろ知識の取得そのものが目的になる傾向が強い
- 新しい知識をすぐに手に入れたがる

などの特徴をもちます。新たな製品が市場に導入される際には、彼らのハートをつかむことが、スムーズな市場導入を左右します。

one point **ハイテク・マニアとギーク**

近年では、テクノロジーを愛しかつ造詣が極めて深い人々のことを、敬愛を込めて**ギーク**と呼ぶようになってきています。

Reference Guide ジェフリー・ムーア『キャズム』(翔泳社) 45～51ページ
エベレット・ロジャーズ『イノベーションの普及』(翔泳社) 232ページ

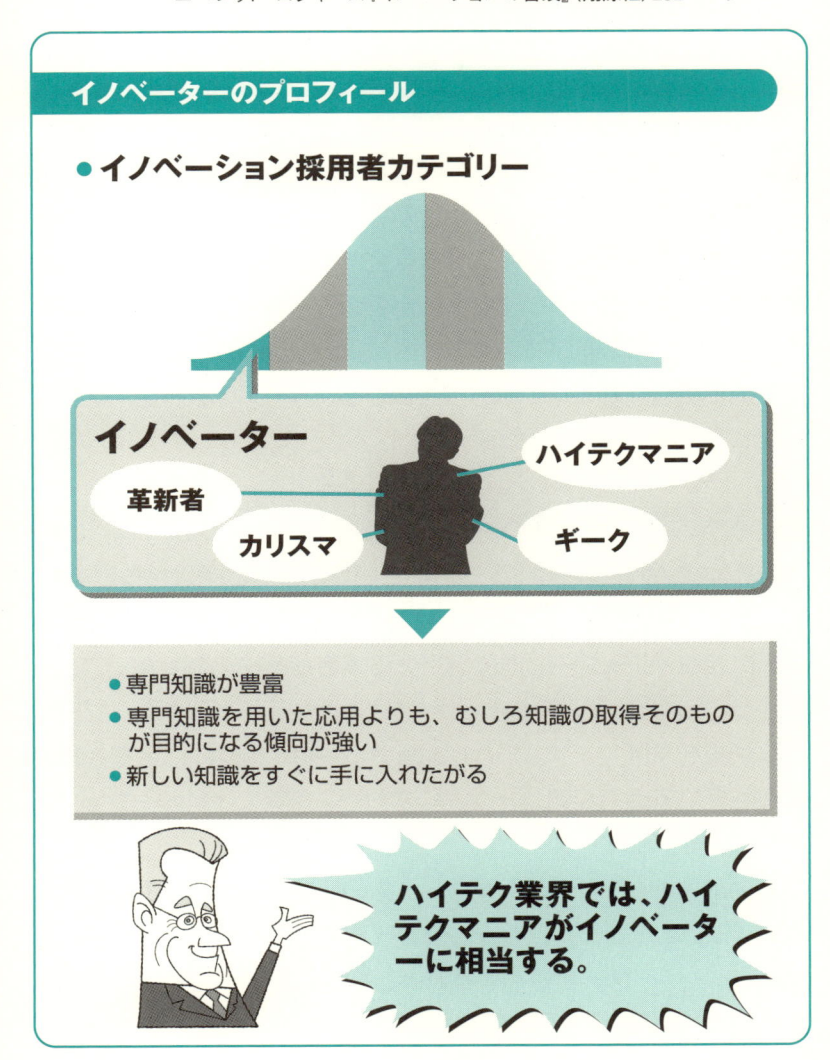

イノベーターのプロフィール

● イノベーション採用者カテゴリー

イノベーター
- 革新者
- カリスマ
- ハイテクマニア
- ギーク

- 専門知識が豊富
- 専門知識を用いた応用よりも、むしろ知識の取得そのものが目的になる傾向が強い
- 新しい知識をすぐに手に入れたがる

ハイテク業界では、ハイテクマニアがイノベーターに相当する。

3 キャズムのメカニズム

3-2 ビジョナリーとしての初期採用者

ムーアは、初期採用者のことをビジョナリー（予見者）と呼びます。このビジョナリーと先のイノベーターが、初期市場を形成します。

1 予見力があるビジョナリー

2番目のカテゴリーにあたる初期採用者は、専門知識が極めて豊富なだけでなく、新しいイノベーションが社会に対してどのような影響を及ぼすのか、その可能性を予見する力があります。その上で、イノベーションの適切な活用法を世に知らせる役割を果たします。

初期採用者がもつこのような特徴から、ムーアは彼らを別名ビジョナリーと呼びます。

2 ネットワークの中核を占める

前節のイノベーターは、どちらかというと自己に閉じがちですが、ビジョナリーはコミュニケーション・ネットワークの中核、いわゆるオピニオン・リーダーの地位を占める場合が多いのが特徴です。したがって、ビジョナリーのメッセージは彼の所属するグループに大きな影響を及ぼします。またビジョナリーは、相対的に豊富な資金を有している点も見逃せません。これが、早期にイノベーションを採用する梃子になります。

初期市場は、このビジョナリーと先のイノベーターによって構成されます。したがって、まずここで成功をつかむには、導入する製品に、イノベーターを魅了する技術とビジョナリーを動かす未来への可能性、最低限これらの特徴が欠かせません。

Reference Guide　ジェフリー・ムーア『キャズム』(翔泳社) 51〜59ページ
　　　　　　　　エベレット・ロジャーズ『イノベーションの普及』(翔泳社) 232ページ

初期採用者のプロフィール

● イノベーション採用者カテゴリー

初期採用者
- ビジョナリー
- オピニオンリーダー
- 理想主義者

- 新しいイノベーションが社会に及ぼす影響を予知する
- 対人コミュニケーション能力に優れる
- コミュニティのオピニオンリーダーの位置を占める

初期市場における
ビジョナリーの役割は
絶大である。

3　キャズムのメカニズム

3-3 主流市場の壁、初期多数派

主流市場の大部を占める初期多数派は、実利主義で保守的な性格を有します。そのため、彼らを攻略するには、初期市場とは異なる攻め方が不可欠になります。

1 実利重視の初期多数派

イノベーターやビジョナリーは、未来における不確実性というリスクを前向きに背負います。そのため、製品の使い勝手が悪くても、創意工夫して現実に合わせようとします。

一方、3番目のカテゴリーにあたる初期多数派は、実利主義的なのが特徴です。新製品が社会を変えるとか、夢を叶えるなどといったロマンチシズムは一切もちません。その新製品を導入することで、作業を効率化できるのか、コスト低減を図れるのか、人員を削減できるのかなど、要するに新製品の導入で直接的な、目に見えるメリットを得られることが採用の条件になります。

また、周囲を気にするのも、初期多数派の特徴です。その典型が、あるイノベーションに対して「あの人やあの会社も使っている」といった実績を求めたがる点です。結果的にイノベーションを採用するのに多くの時間を必要とします。こういう特徴をもつ初期多数派をロジャーズは慎重派、ムーアは実利主義者と呼びました。

2 初期市場とは異なるマーケティングが不可欠

後に詳しくふれますが、実利主義者の購買心理は初期市場を形成する顧客層とまったく異質です。これを念頭にマーケティングを推進する必要があります。

| Reference Guide | ジェフリー・ムーア『キャズム』(翔泳社) 65ページ
エベレット・ロジャーズ『イノベーションの普及』(翔泳社) 233ページ

初期多数派のプロフィール

● **イノベーション採用者カテゴリー**

初期多数派
- 実利主義者
- 実績重視
- 慎重派

- イノベーションに直接的で目に見えるメリットがあるか見極める
- 実績を重視する
- イノベーションの採用に比較的長い時間を要する

> キャズムを越えるには、実利主義者の心理をよく理解する必要がある。

3　キャズムのメカニズム

3-4 後期多数派とラガードの特徴

残るイノベーション採用者カテゴリーは、後期多数派とラガードです。前者は保守派、懐疑派とも呼ばれます。後者は遅延者という別名があります。

1 保守派・懐疑派としての後期多数派

多数派のもう半分、潜在的利用者全体の34％を占めるのが**後期多数派**です。後期多数派の特徴は、一口で言うと**保守的**ということです。彼らは、従来のやり方を頑なに守ろうとしますから、イノベーションに対しては懐疑的であり、極度に警戒心が強い側面をもちます。そのためロジャーズは彼らを**懐疑派**と呼びます。

彼らがイノベーションを採用するのは、圧倒的多数の採用を見極めてからです。動きは鈍いものの、ボリュームが大きいので、彼らに新製品を売り込むことは、ビジネス上、大変魅力的です。

2 遅延者としてのラガード

最後は**ラガード**です。この言葉には「遅い」「ぐずぐずした」という否定的な意味を含んでおり、**遅延者**と呼ぶこともあります。ロジャーズは別名**因習派**と呼びます。彼らがイノベーションを採用する条件は、そこから確実に恩恵を得られるということです。なぜなら、ラガードは、そのイノベーションに対して配分可能な（あるいは意識的に配分した）資源に限りがあるからです。

以上が、テクノロジー導入ライフサイクルを形成する5つの層です。では引き続き、これら5つの層とキャズムの関係について詳しくふれることにしましょう。

> **one point** 一人の人間は多様な顔をもつ

　ある特定の人物が常にいずれかのカテゴリーに属するとは限りません。ある人物が、あるイノベーションに対してはビジョナリーであり、別のイノベーションではラガードの場合もあります。例えば、ハイテクではイノベーターながら、ファッションはラガード、という人物をよく見かけませんか？

| Reference Guide | ジェフリー・ムーア『キャズム』(翔泳社) 72～77、86～89ページ
エベレット・ロジャーズ『イノベーションの普及』(翔泳社) 234～235ページ

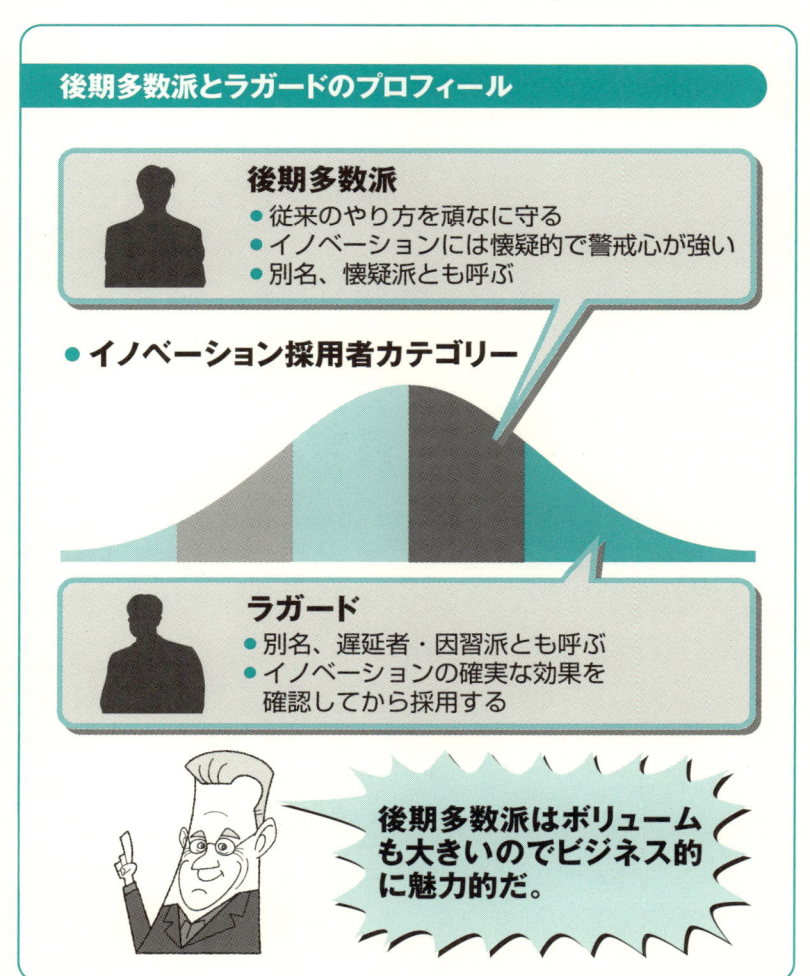

後期多数派とラガードのプロフィール

後期多数派
- 従来のやり方を頑なに守る
- イノベーションには懐疑的で警戒心が強い
- 別名、懐疑派とも呼ぶ

● **イノベーション採用者カテゴリー**

ラガード
- 別名、遅延者・因習派とも呼ぶ
- イノベーションの確実な効果を確認してから採用する

後期多数派はボリュームも大きいのでビジネス的に魅力的だ。

3-5 初期市場と主流市場の狭間で

ではいよいよ、初期市場で成功した製品が、主流市場で失敗するメカニズムについて考えます。まずは、その一般的なパターンをご覧に入れましょう。

1 初期市場では大成功

とある製品αは、その斬新さによりイノベーターに受け入れられました。また、その将来的可能性は資金力のあるビジョナリーをも引きつけます。影響力の大きいビジョナリーに採用されることで、製品αはメディアでも取り上げられるようになりました。そうすると、新たな初期採用者が誕生し、メディアがさらにこれを取り上げるという好循環を生み出します。こうして製品αは、初期市場で大きな成功を収めました。

2 関心の低下、販売低迷の悪循環

初期市場で成功した製品αは、いよいよ主流市場へと進出します。ところが、初期市場では大きな話題を集めたのに、初期多数派市場の反響は思わしくありません。そして販売がなかなか好転しないまま、初期市場の成功から長い時間が経過します。

こうなると、常に新しい話題を求めるメディアはもはや製品αを取り上げません。こうして、世間の関心が急速に冷え込むと、主流市場での販売はさらに頭打ちになります。関心の低下が、販売低迷を招くという悪循環です。この結果、製品αは市場からの退場を余儀なくされました。

これがキャズムに陥る典型パターンです。

Reference Guide　ジェフリー・ムーア『キャズム』(翔泳社) 30〜38ページ

3 キャズムのメカニズム

キャズムに陥る

初期市場で大人気

一気に主流市場を攻略

イノベーター　ビジョナリー　初期多数派

主流市場では普及せず市場撤退

▼

キャズムに陥る典型パターン

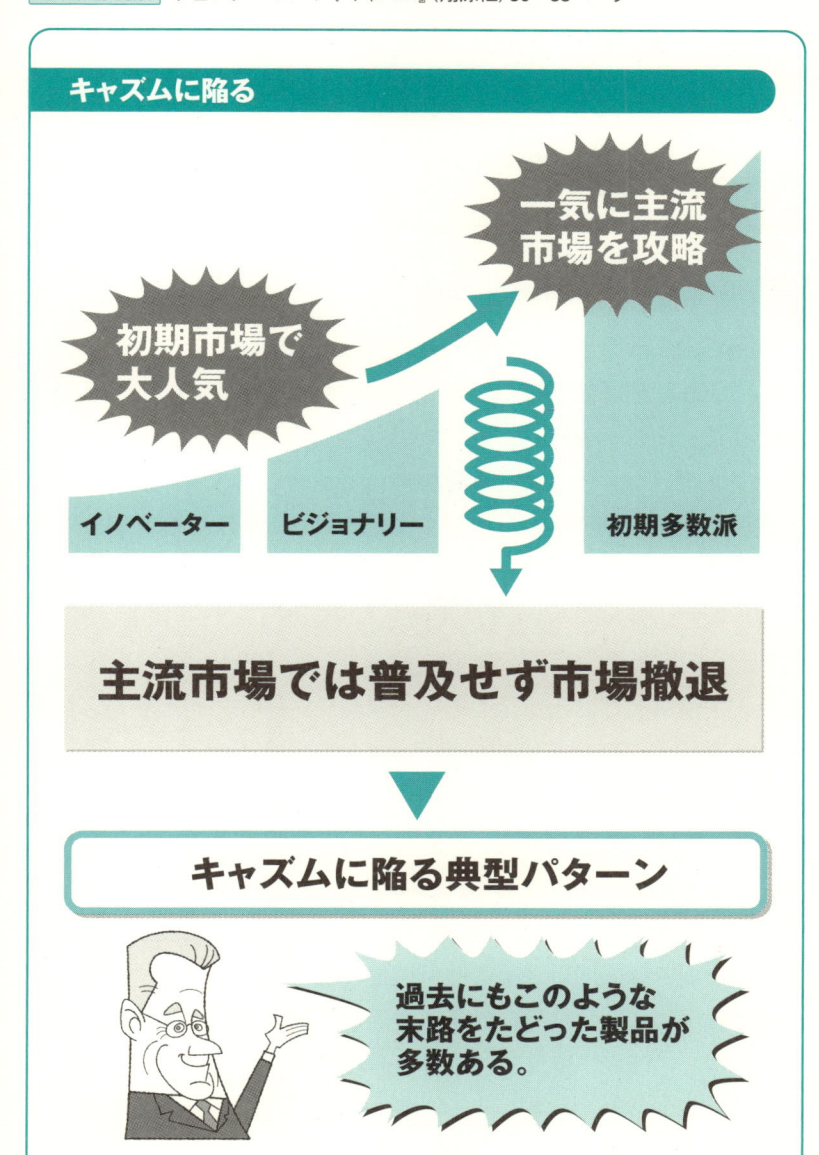

過去にもこのような末路をたどった製品が多数ある。

3-6 キャズムに陥る理由

初期市場と同じマーケティングを主流市場で行っても、成功は覚束ないと考えるべきです。これが、初期市場で成功した製品が、キャズムに陥る最大の原因です。

1 初期市場と主流市場の購買心理

製品αの失敗の原因は何だったのでしょう。一言でいうと、顧客の**購買心理**を適切に把握していなかった点につきます。初期市場を構成するイノベーター、ビジョナリーと、初期多数派市場を占める実利主義者とは、その購買心理がまったく異なります。例えば、初期市場に受け入れられるハイテク製品の場合、それが斬新で未来を変革するパワーを秘めているならば、イノベーターやビジョナリーは、少々使い勝手が悪くても、不便な点は創意工夫して利用します。

一方、初期多数派市場の実利主義者は、イノベーションを変革のための手段などとはまったく考えません。生産性の向上やコスト削減など実利的な結果を重視します。また実利主義者は、イノベーターやビジョナリーに比べると、イノベーションに対する知識は圧倒的に劣ります。そのため自ら創意工夫して使用することはありません。むしろ知識が少ないため、工夫のしようもないわけです。

以上の2点からだけでも、初期市場と同じマーケティングが、初期多数派市場では通用しないことがわかります。つまり、

❶**具体的かつ実利的な目に見える成果**
❷**工夫なしに簡単に使えるユーザー・インターフェイス**

この点をなおざりにしたため、初期市場の成功を主流市場にもたらせられなかったわけです。

Reference Guide　ジェフリー・ムーア『キャズム』(翔泳社) 29ページ

顧客心理の違いを理解する

初期市場
- イノベーター
- ビジョナリー

- イノベーションの可能性を追求する
- 不便な点は創意工夫で解消する

VS

主流市場（初期多数派市場）
- 初期多数派

- 実利面を最重視
- 夢やロマンに関心なし
- 創意工夫をする気もないし、そもそもできない

実利主義者を攻略するには
❶ 具体的かつ実利的な目に見える成果
❷ 工夫なしに簡単に使えるユーザー・インターフェイス
以上が不可欠になる

> これは、キャズムを越えるために、最も配慮しなければならない点だ。

3　キャズムのメカニズム

3-7 PDAの大誤算

ここではキャズムを飛び越えるのに失敗したいくつかの製品についてふれましょう。最初は、一時期大きな話題になったパーソナル・デジタル・アシスタンツについてです。

1 PDAが人気を博した2000年

パーソナル・デジタル・アシスタンツ（略称PDA）と言っても、いまやそんな言葉など知らない、という人も多いかもしれません。これは、携帯情報端末と呼ばれるもので、スケジュールやアドレス帳の管理ができる手のひらサイズのツールです。

PDAが世に出たのは1993年で、90年代後半頃からにわかに人気が高まります。そして、2000年頃には多様なブランドが出そろい、PDA人気が爆発しました。しかし、いまやPDAを使っている人などほとんどいないのが現状です。

2 キャズムを越えられなかったPDA

いまから当時を振り返ると、PDAは主流市場に普及するための要件を満たしていなかったようです。まず、前節に掲げた❶具体的かつ実利的な目に見える成果ですが、残念ながら携帯電話の機能が向上するにつれ、PDAの技術的優位性は薄れました。また携帯電話は初期費用が安く、価格面でも不利でした。さらに、❷工夫なしに簡単に使えるユーザー・インターフェイスについても、ハイテク・マニアが好む仕様が踏襲されたままでした。

このようにPDAは、初期市場では成功しましたが、キャズムに陥り、市場からの退場を余儀なくされた実例の一つと言えるでしょう。

one point **PDA（Personal Digital Assistants）**

　PDAが世に出たのは1993年で、アップルのニュートンがその嚆矢です。電子手帳と違って、ソフトをインストールすることで、多様な使い方ができるという特徴がありました。

キャズムを越えられなかったPDA

パーソナル・デジタル・アシスタンツ
(Personal Digital Assistants)

- 携帯情報端末
- 手のひらサイズ
- スケジュールやアドレス帳管理
- ソフトのインストール可能

① 具体的かつ実利的な目に見える成果

② 工夫なしに使えるユーザー・インターフェイス

- 携帯電話の進化で技術的優位性低下
- 携帯電話に比較して端末価格が高い

- ハイテクマニアが好むユーザー・インターフェイス
- ソフトのインストールなども面倒

PDAはキャズムを越える要件を満たしていなかった

3　キャズムのメカニズム

3-8 セカンドライフはキャズムを越えるか

次に、PDAよりももう少し最近の事例を掲げましょう。2007年に大きな話題となったセカンドライフです。セカンドライフは、いま、キャズムを飛び越えようとしていると言えそうです。

1 大きな話題となったセカンドライフ

2007年のインターネットで、大きな話題になったのがセカンドライフです。セカンドライフは、インターネット上の仮想空間です。ユーザーはアバターと呼ばれる自分の分身を作り、パソコンのキーボードやマウスを使って、仮想空間上にある街を散歩したり、他の住人と会話したりできます。2007年7月には日本語版サービスもスタートし、メディアにもひんぱんに取り上げられる勢いでした。また、大手企業も次々とセカンドライフに進出し、新たなマーケティング空間に活用しようとしました。

2 セカンドライフはキャズムを越えるか

とはいえ、日本における2007年時のセカンドライフは、まさに初期市場で成功した段階と見ることもできます。となると、現在は主流市場に攻勢を掛けようとする段階、いわばキャズムを飛び越えようとしている段階に他なりません。そうした中、2008年に入ってからは、セカンドライフの名もあまり聞かなくなりました。

これは、セカンドライフが、初期市場で成功した同じマーケティング手法を、主流市場でも採用しているのが、大きな要因のようにも思えます。セカンドライフがさらにもう一段飛躍するか否かは、今後の対応次第と言えそうです。

> **one point** セカンドライフ

2003年からサービスが始まったインターネット上の仮想空間。自分の分身に相当するアバターを操作して、仮想空間内を体験します。2008年2月現在、全世界に1260万人の利用者がいます。

セカンドライフとキャズム

セカンドライフ（Second Life）
- インターネット上の仮想空間
- 2007年に日本語版がスタート
- 大手企業がマーケティング空間として活用

↓

セカンドライフは、キャズムを飛び越えようとしている真っ最中!?

↓

❶ 具体的かつ実利的な目に見える成果　　❷ 工夫なしに使えるユーザー・インターフェイス

↓

主流市場攻略には、これらに応えることが不可欠になりそうだ

3 キャズムのメカニズム

Column コラム キャズムに対するロジャーズの見方

2-4節などでふれたように、イノベーション普及理論を追究したのがエベレット・ロジャーズです。そして、ロジャーズの理論は名著『イノベーションの普及』に、あますところなく解説されています。

同書の中でロジャーズは、ムーアのキャズムについて言及しています。その個所でロジャーズは、従来の研究から考えると、採用者カテゴリーの間に断絶や不連続は存在しないという所見を明らかにしました。つまりロジャーズは、ムーアのキャズム理論に対して否定的な立場を表明しているわけです。

ロジャーズの意見が正しいのか、それともムーアの指摘が正解なのか、速断は避けたいと思いますが、ここでは次の点を指摘したいと思います。すなわち、イノベーションの普及範囲をどこまでとするのか、という問題です。

仮に、イノベーションが普及した範囲のみを「普及範囲」と捉えたとしましょう。となると、イノベーションによって範囲は異なり、その範囲の中で5種類の採用者カテゴリーが存在することになります。すなわち、採用者カテゴリーのサイズは、イノベーションの内容によって相対的に変化するわけです。

このケースでは、失敗に終わるイノベーションは存在しません。仮に、ムーアが指摘するような、初期市場で成功し、主流市場で失敗した製品があったとしても、その製品のイノベーションの範囲はそこまでだったという結論に落ち着きます。そして、その範囲の中で5種類の採用者カテゴリーが存在することになります。

ただし、この考え方では、イノベーションを採用した人としなかった人との違いは、何も説明できません。ムーアはこの違いを説明しようと考えたのではないでしょうか。

Reference Guide エベレット・ロジャーズ『イノベーションの普及』(翔泳社) 231ページ

第4章
クロッシング・ザ・キャズム戦略

初期市場での成功を主流市場でも実現するには戦略が欠かせません。その戦略こそがクロッシング・ザ・キャズム戦略に他なりません。

1. キャズム理論のエッセンス
- カテゴリー成熟化ライフサイクル
- キャズムのメカニズム
- クロッシング・ザ・キャズム戦略

2. ムーア理論の全貌

カテゴリー成熟化ライフサイクル
時代を超えて永続する企業の実現

カテゴリー再生

テクノロジー導入ライフサイクル → 成長市場 → 成熟市場 → 衰退市場 → ライフサイクルの終了

- 初期市場
- トルネード
- メインストリート
- ボーリングレーン
- キャズム

3. キャズムのメカニズム
イノベーター ビジョナリー VS 実利主義者

4. クロッシング・ザ・キャズム戦略
❶ ニッチ市場の選定
❷ ホールプロダクトの構築
❸ ポジショニングの設定
❹ 流通チャネルと価格の設定

5. キャズムを越えた後に
- ボーリングピン戦略
- ナンバー1企業の価値基準
- 時代を超えて永続する企業

4-1 キャズムを越える3つの至上命題

前章で見てきたように、初期市場で成功した製品がキャズムに陥るのは、初期市場と初期多数派市場の購買心理の違いを把握していないからです。

1 成果、簡単さ、実績

前章で見たように、初期市場の顧客は、イノベーションに少々の創意工夫をします。その一方で、初期多数派市場は実利的なメリットがない限り、新たなイノベーションを採用しようとしません。また、採用するにあたって、初期市場の利用者がやるような創意工夫をしようとはしません。

したがって、初期多数派市場を攻略するには、初期市場とは異なる購買心理への配慮が必要になります。すなわち、前章でふれた
❶具体的かつ実利的な目に見える成果
❷工夫なしに簡単に使えるユーザー・インターフェイスがそれです。

一方、これらに加えて3-3節でも若干ふれた、もう一つ忘れてはならない初期多数派の顧客心理があります。
❸過去の実績
がそれです。これは、その企業の過去の実績を問うもので、要は信頼できるかどうかという尺度に他なりません。また、過去の実績は、具体的かつ実利的な、目に見える成果の一つとしても機能するという性格をもちます。

以上3点を満足させることが、キャズムを越えるための至上命題になります。

> **one point** 実績主義の国や地方自治体の入札
>
> 例えば、国や地方自治体が行う入札では、過去の実績によってその企業が入札できる事業規模が決まります。これなどは、主流市場が過去の実績を大きな尺度にしている典型と言えるでしょう。

Reference Guide ジェフリー・ムーア『キャズム』(翔泳社) 28、65～72ページ

キャズムを越えるために

キャズムを越えるための基本方針

▼

❶ 具体的かつ実利的な目に見える成果

❷ 工夫なしに簡単に使えるユーザー・インターフェイス

＋

❸ 過去の実績

▼

キャズムを越えるための3つの至上命題と考える

次にこの命題を満足させる手法について考えてみよう！

4 クロッシング・ザ・キャズム戦略

4-2 キャズムを飛び越えるための基本戦略

キャズムを飛び越えるための戦略、すなわちクロッシング・ザ・キャズム戦略には、大きく4つの段階があります。これらをトータルに実行して、キャズムに陥ることを回避します。

1 3つの至上命題を満足させる

繰り返しになりますが、再度、キャズムを飛び越えるための**3つの至上命題**を掲げましょう。

❶**具体的かつ実利的な目に見える成果**
❷**工夫なしに簡単に使えるユーザー・インターフェイス**
❸**過去の実績**

これら3つの点に配慮しないイノベーションは、初期市場で成功したとしても、引き続き主流市場で勝ち続けることは難しくなります。そこで、ムーアは上記3つの命題を満足させる方策を明確に提示しました。本書ではこれを、キャズムを飛び越える戦略、すなわち**クロッシング・ザ・キャズム戦略**と呼びたいと思います。以下がその骨子です。

❶**（主流市場内の）ニッチ市場の選定**
❷**ホールプロダクトの構築**
❸**ポジショニングの設定**
❹**流通チャネルと価格の設定**

ムーアは、これらを推進することで、ニッチ市場でのリーダーシップを獲得するとともに、口コミ効果を活用しつつ、周辺ニッチ市場を攻略する、というシナリオを描きます。

以下、この戦略の詳細について述べることにしましょう。

Reference Guide ジェフリー・ムーア『キャズム』(翔泳社) 104〜115ページ、4章〜7章

クロッシング・ザ・キャズム戦略の推進

キャズムを越えるための3つの至上命題
① 具体的かつ実利的な目に見える成果
② 工夫なしに簡単に使えるユーザー・インターフェイス
③ 過去の実績

⬇

至上命題をクリアするために

⬇

クロッシング・ザ・キャズム戦略
① (主流市場内の) ニッチ市場の選定
② ホールプロダクトの構築
③ ポジショニングの設定
④ 流通チャネルと価格の設定

> キャズムを飛び越えるために、クロッシング・ザ・キャズム戦略に着手せよ!

4 クロッシング・ザ・キャズム戦略

4-3 ニッチ市場に着目する理由

クロッシング・ザ・キャズム戦略の中で最初のポイントになるのが、ニッチ市場への着目です。何故これが必要なのか、まずはこの点から解説しましょう。

1 ニッチ市場をターゲットにする利点

　初期市場は市場全体の16％にしか過ぎません。残り84％がいわば主流市場です。この大きな市場全体を対象にすると、どうしても製品のアピールが散漫にならざるを得ません。これは、顧客側からすると、製品の目に見える成果がわかりづらいことに他なりません。慎重派の実利主義者が、そんな製品を実績のない企業から購入しようとはしないでしょう。

　それならば、主流市場の中でも製品の効果が特に上がる**ニッチ市場**を特定し、そこへ集中的にアプローチする方が効率的です。しかも、ニッチ市場には、既存企業からの反撃を受けにくいという利点もあります。規模の大きな企業ほど、サイズが小さく利益も小さなニッチ市場にあまり魅力を感じないからです。

2 ニッチ市場攻略の波及効果

　こうして、ニッチ市場で製品が受け入れられると、別の波及効果が得られます。それは主流市場で実績を作ったという事実です。この既成事実を基にして、実績を重視する実利主義者にアプローチすれば、より大きな効果を期待できます。このように、クロッシング・ザ・キャズム戦略の基本は、主流市場の中にあるニッチ市場を支配して、**ここを橋頭堡に周辺市場を攻略する**ことに他なりません。

one point 販売重視は危険

　ニッチ市場の攻略に販売重視は馴染みません。あくまでも橋頭堡の構築に心血を注ぐことが不可欠です。そのためこの時期は、低収益でも耐えられる財務体質が必要になります。

Reference Guide　ジェフリー・ムーア『キャズム』(翔泳社) 105、144ページ
　　　　　　　　ジェフリー・ムーア『企業価値の断絶』(翔泳社) 107、200ページ

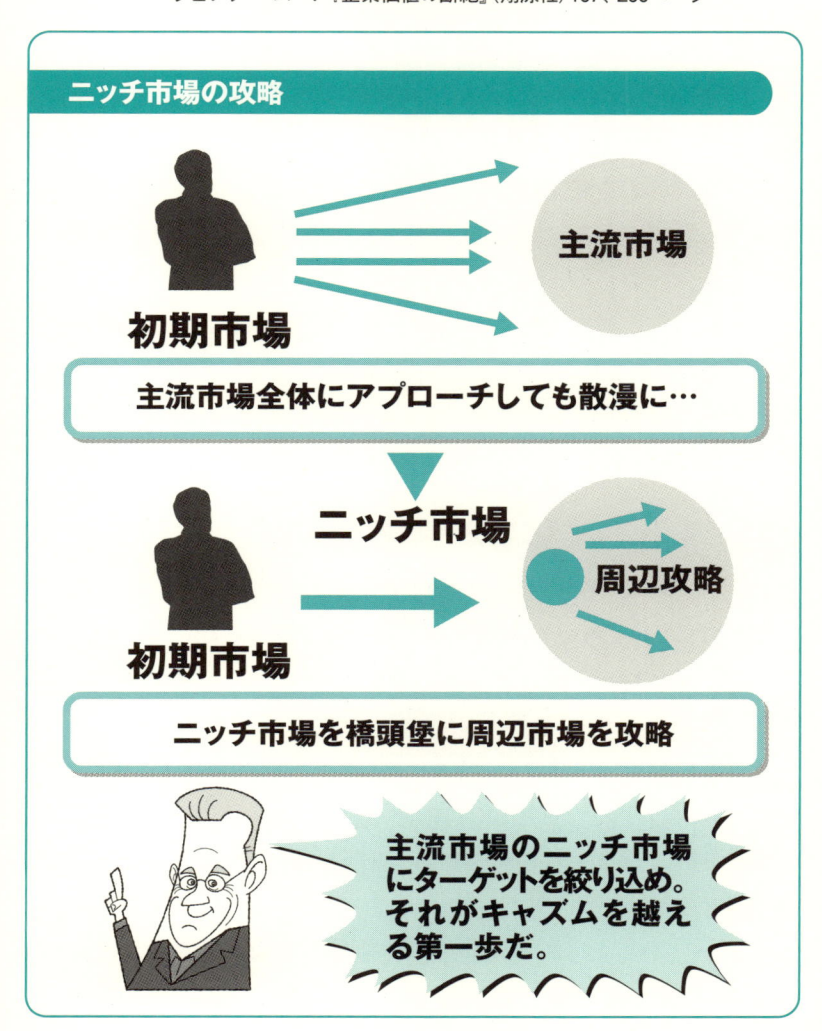

ニッチ市場の攻略

初期市場 → 主流市場

主流市場全体にアプローチしても散漫に…

↓

初期市場 → ニッチ市場 → 周辺攻略

ニッチ市場を橋頭堡に周辺市場を攻略

> 主流市場のニッチ市場にターゲットを絞り込め。それがキャズムを越える第一歩だ。

4　クロッシング・ザ・キャズム戦略

4-4 ニッチ市場とターゲット・カスタマー

ニッチ市場の選定では、まず、ターゲット・カスタマーのイメージを明瞭にします。そして、複数のターゲット・カスタマーの中から最も有望な対象をニッチ市場に設定します。

1 ニッチ市場の選定基準

ニッチ市場の攻略で問題になるのが、多数のニッチ市場がある中でいずれをターゲットにするかということです。一般的な選択基準にマーケットサイズがあります。

しかし、ここでの選択基準はマーケットサイズではありません。前節でも若干ふれましたが、提供する製品で、顧客の抱えている問題をどれだけ解決できるのか、その可能性の大きさを基準にすべきです。

2 ターゲット・カスターまでイメージを具体化

その際にムーアは、ニッチ市場のイメージをより具体化すべく、**ターゲット・カスタマー**の設定を推奨します。ターゲット・カスタマーとは、対象とする市場で大きな問題を抱えており、提供する製品でその問題を大きく解決できる立場にある人々です。

ターゲット・カスタマーを設定することで、対象とするニッチ市場のイメージがよりリアルになります。例えばニッチ市場を、「中小規模の病院マーケット」と定義した場合と、「中小規模の病院に勤める夜勤中の看護士」と設定した場合とでは、イメージの明瞭さに大きな違いがあるのは明らかです。ターゲットが明瞭になれば、戦術もより具体的になるはずです。

one point　ボーリングのアナロジー

　ムーアはニッチ市場をボーリングレーン上のボーリングピンにたとえます（5-2節参照）。そして、ニッチ市場の選定では、ピンの大きさよりも、解決される問題の大きさ、およびその経済効果の大きさが重要だと指摘しています。

Reference Guide　ジェフリー・ムーア『企業価値の断絶』（翔泳社）106〜110、P200ページ
　　　　　　　　　ジェフリー・ムーア『キャズム』（翔泳社）105ページ

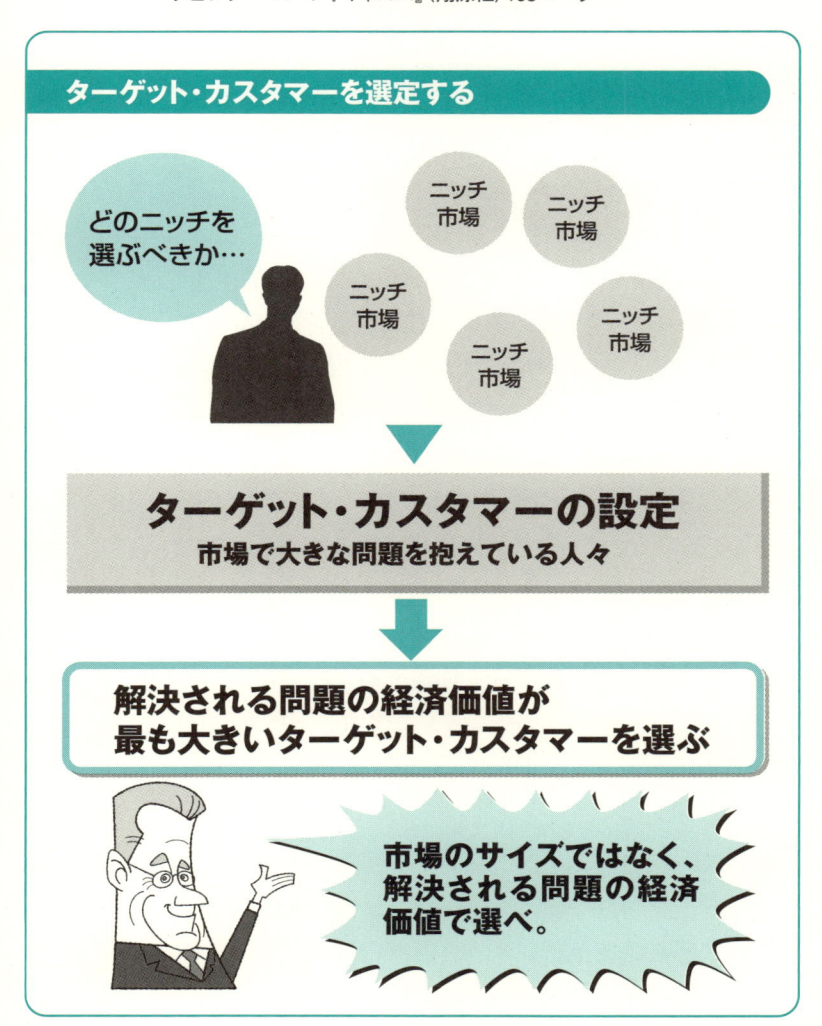

ターゲット・カスタマーを選定する

どのニッチを選ぶべきか…

ニッチ市場　ニッチ市場　ニッチ市場　ニッチ市場　ニッチ市場

↓

ターゲット・カスタマーの設定
市場で大きな問題を抱えている人々

↓

解決される問題の経済価値が最も大きいターゲット・カスタマーを選ぶ

市場のサイズではなく、解決される問題の経済価値で選べ。

4　クロッシング・ザ・キャズム戦略

4-5 ターゲット・カスタマー・シナリオの作成

ターゲット・カスタマーを明確にするためには専用のフォーマットを用いるのが効率的です。これを用いて複数案のターゲット・カスタマーを設定し、最も有望な市場を選びます。

1 ターゲット・カスタマー設定シナリオの基本フォーマット

ムーアは、ターゲット・カスタマーを明確にするにあたり、ターゲット・カスタマー・シナリオの作成を勧めます。これは、A4用紙一枚に次の項目を書き出したものです。

まず、ターゲット・カスタマーに関する肩書きや所属、性別や年齢などのプロフィールを明記します。実際にそれを利用する人、技術を評価する人、予算面を管理する人が分かれている場合、それら全員のプロフィールを明記します。

次にターゲット・カスタマーが抱える問題点を明記します。ここでは、その現状、ニーズ、過去に試してみたこと、それがうまくいかなかった理由、そのための影響、これらについて明らかにします。

最後に、ターゲット・カスタマーがイノベーションを採用した後のシナリオについて記します。前掲のターゲット・カスタマーの現状とニーズを前提に、イノベーション採用により問題が解決できた理由、経済的効果について明記します。

2 ターゲット・カスタマーの選択

上記ターゲット・カスタマー・シナリオを複数案策定し、最も有望と思われるものを選択します。選択の基準には、次節に述べるチェック・リストを用いると便利です。

> **one point** ターゲット・カスタマーの3つの顔

企業をターゲットにした製品では、❶実際に利用する人、❷技術を評価する人、❸予算面を管理する人、というようにターゲット・カスタマーが分かれるケースが目立ちます。

Reference Guide ジェフリー・ムーア『キャズム』(翔泳社) 154～159ページ

ターゲット・カスタマー・シート例

ターゲット・カスタマー・シート

❶ 実際に利用する人 ❷ 技術を評価する人 ❸ 予算面を管理する人	ターゲット・カスタマーに関する肩書きや所属、性別や年齢などのプロフィールを明記する

ターゲット・カスタマーの抱える問題点
- ターゲット・カスタマーの現状
- ターゲット・カスタマーのニーズ
- 過去に試してみたこと
- それがうまくいかなかった理由
- そのための影響

上記の項目について明記する

イノベーション採用後のシナリオ
- ターゲット・カスタマーの現状
- ターゲット・カスタマーのニーズ
- イノベーション採用による問題解決
- 問題が解決できた理由
- 経済的効果

上記の項目について明記する

出典：ジェフリー・ムーア『キャズム』(翔泳社) 154～159ページを基に作成

4 クロッシング・ザ・キャズム戦略

4-6 シナリオを評価する

次に、複数案挙がったターゲット・カスタマー・シートから、最も効果の期待できる層を選び出します。その際にムーアは、以下に示すチェック・リストに配慮すべきだと指摘しています。

1 まずは4点からチェック

ターゲット・カスタマーの選択では、次の9点に照らし合わせ、その有望性を判断すべきだとムーアは言います（次ページ図参照）。

まず、選択したターゲット・カスタマーが他社の見過ごしていた顧客かどうかということです。これが次ページの図❶です。次に❷では、どうしても買いたくなるような動機付けがなされているかをチェックします。さらに❸では、製品やサービス単体ではなく、トータルなソリューションを提供しているかどうか検討します。ムーアはこれをホールプロダクト（4-8節参照）と呼びます。続いて❹では、どのような競争相手（4-8節参照）が存在するのかについてチェックします。以上4点について評価が低いものは候補からはずします。

2 残り5つのチェック・ポイント

次に残り5つのチェック・ポイントを検討します。まず❺では能力のあるパートナーと提携関係を築けるか考えます。同様に、競合にない販売チャネルや価格設定について検討するのが❻と❼です。さらに❽では、他社と差別化する戦略が適切か検討し、最後の❾でこの顧客に続くターゲット・カスタマーについて検証します。

以上を通じて高い評価を得たターゲット・カスタマーをニッチ市場の顧客として設定し、集中的に攻略します。

| Reference Guide | ジェフリー・ムーア『キャズム』(翔泳社) 161ページ
ジェフリー・ムーア『企業価値の断絶』(翔泳社) 220ページ

シナリオ評価のためのチェックリスト

複数案のターゲット・カスタマー・シート

Plan1　Plan2　Plan3　Plan4

チェックリスト

最初の4項目
1. ターゲット・カスタマー
2. 購入の必然性
3. ホールプロダクト
4. 競争相手

残り5項目
5. パートナーと提携企業
6. 販売チャネル
7. 価格設定
8. 企業のポジショニング
9. 次なるターゲット・カスタマー

ターゲット・カスタマー・シート

ターゲット設定

上記チェックリストに照らし合わせて、有望なターゲットを設定せよ！

出典：ジェフリー・ムーア『キャズム』(翔泳社) 161ページを基に作成

4 クロッシング・ザ・キャズム戦略

4-7 ニッチ市場としてのローエンド

ニッチ市場の一つとして注目したいのがローエンド市場です。ハーバード大学ビジネススクール教授クレイトン・クリステンセンも、ローエンド市場の重要性を指摘する一人です。

1 ローエンド市場の特徴

　ある市場が創造されると、そこに提供される製品は、日々、性能の向上が図られます。ところがこれが続くと、やがて市場ニーズをはるかに越える性能を有する製品が生まれます。こうした状況では、性能が少々低くても価格が相対的に安い方を好む、という市場が生まれます。これがここで言うローエンド市場です。

　ローエンド市場は、規模の大きな組織にとって、収益も薄く魅力的ではありません。よって、ローエンド市場に新規参入があっても、既存企業は反抗するどころか、喜んで撤退する傾向をもちます。

2 破壊的イノベーションとローエンド市場

　一方、こうしたローエンド市場に、性能が少々低くても価格が相対的に安い製品が根付くと、その後、急激な技術改善によりその性能が劇的に高まります。そうすると、やがてメイン市場でも対応する性能に至り、しかも価格が相対的に安いことから、既存の製品を駆逐する現象が起こります。

　これはクリステンセンが明らかにした破壊的イノベーションと呼ばれるものですが、ローエンド市場は、ニッチ市場を選択する上で有力な候補の一つになるでしょう。

> **one point** **クレイトン・クリステンセン**

アメリカの経済学者でハーバード大学ビジネススクール教授。破壊的イノベーションの提唱者としてあまりにも有名です。ジェフリー・ムーアも自身の著書で、クリステンセンの破壊的イノベーションについてたびたび言及しています。

> **one point** **破壊的イノベーション**

持続的な技術開発から見ると性能を引き下げるが、相対的に価格の安い技術のことを**破壊的技術**と呼び、これによって巻き起こされるイノベーションを、破壊的イノベーションと呼びます。

Reference Guide クレイトン・クリステンセン『イノベーションへの解』(翔泳社) 59〜63ページ

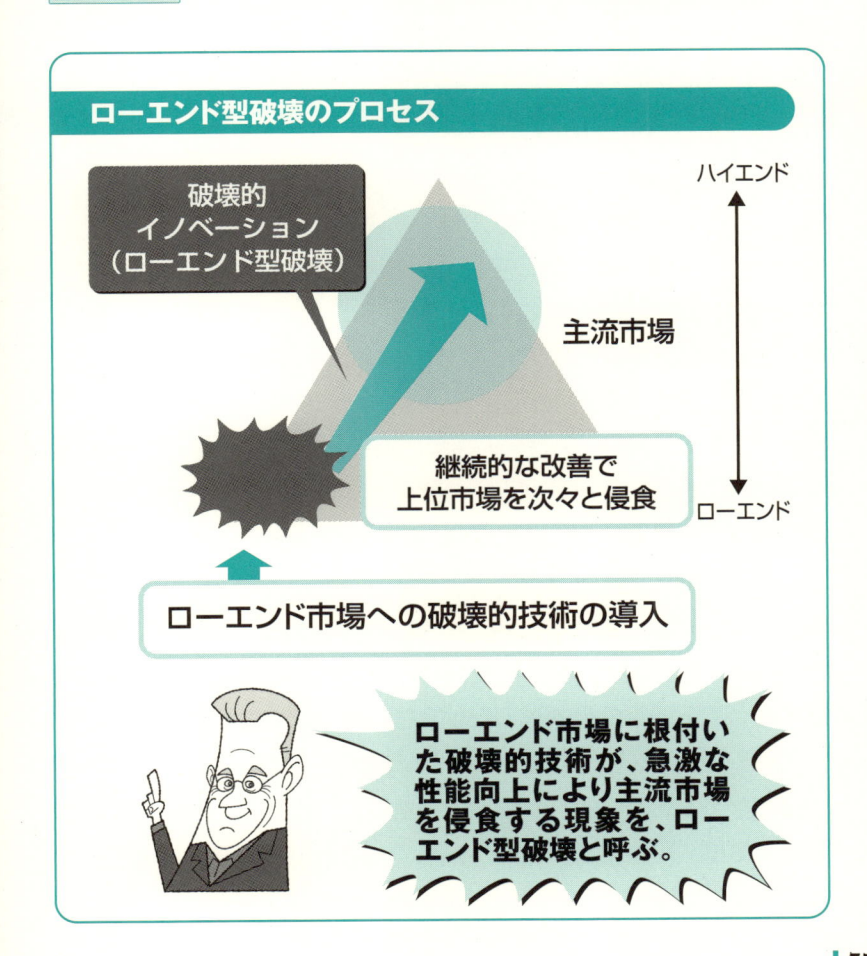

ローエンド型破壊のプロセス

破壊的イノベーション（ローエンド型破壊）

ハイエンド
主流市場
ローエンド

継続的な改善で上位市場を次々と侵食

ローエンド市場への破壊的技術の導入

ローエンド市場に根付いた破壊的技術が、急激な性能向上により主流市場を侵食する現象を、ローエンド型破壊と呼ぶ。

4 クロッシング・ザ・キャズム戦略

4-8 ホールプロダクトとは何か

初期多数派市場は完全パッケージの製品やサービスを求めます。したがって、ホールプロダクトによる製品やサービスの提供が不可欠になります。

1 ホールプロダクトとは何か

クロッシング・ザ・キャズム戦略では、ニッチ市場の選択と並行して**ホールプロダクト**の構築を進めます。これは顧客の目的達成に必要な一連の製品を指します。

ホールプロダクトで重要なのは、解決策をトータルに提供するという点です。解決のための手段や機能が何か一部が欠けていると、主流市場には受け入れられないと考えるべきです。これはターゲットである実利主義者の顧客心理を考えれば理解できます。

2 ホールプロダクトが必要な理由

キャズムを越えるための3つの命題を思い出してください。その第2命題は、「工夫せずに簡単に使えるユーザー・インターフェイス」でした。初期市場のイノベーターやビジョナリーは、仮に不完全な製品であっても、自分の目的に合うよう創意工夫する傾向があります。一方、初期多数派は、イノベーションを採用する際に、自分で創意工夫して不便な部分を補うということはしません。これは完全パッケージの製品を要求していることに他なりません。

したがって、提供される製品の一部に、何らかの工夫が必要なものは、実利主義者の選択肢から漏れてしまいます。このため、ホールプロダクトが不可欠だ、という考え方が成り立つわけです。

Reference Guide　ジェフリー・ムーア『キャズム』(翔泳社) 177〜188ページ

ホールプロダクトが必要な理由

初期市場

イノベーター　ビジョナリー

> 製品に少々不便があっても工夫して利用する

主流市場

実利主義者

> 不便な製品は使わない
> 創意工夫などしない

▼

実利主義者には、ホールプロダクトが欠かせない

> 実利主義者の購買心理を考えれば、ホールプロダクトの必要性がわかるはずだ。

4　クロッシング・ザ・キャズム戦略

4-9 ホールプロダクトの構造

ホールプロダクトを考える上で参考になるのが、マーケティング学者セオドア・レビットが提唱し、その後、フィリップ・コトラーらが改良した製品レベルという考え方です。

1 ホールプロダクトと製品レベル

ホールプロダクトでは、製品レベルに留意すべきです。製品レベルは、❶基本製品、❷期待製品、❸膨張製品、❹潜在製品から成ります。次ページの図に示したのがそのモデルです。このモデルでは、基本製品から潜在製品へと、レベルが上がるごとに顧客の価値も高まるという特徴をもちます。

2 ホールプロダクトを構築する

基本製品は、その製品やサービスがもつべき最も基本的な性能を指します。基本製品としての性能が、顧客のニーズを下回る場合、これを採用する顧客は極めて限定されるでしょう。

期待製品は、顧客がある製品やサービスを求める際に、期待するベネフィットを指します。また、顧客の期待を上回る性能を備えている製品やサービスが膨張製品です。さらに、将来的に提供できる価値のすべてを兼ね備えた製品やサービスが潜在製品です。

例えば、期待製品の場合、品質水準、デザイン、パッケージング、ブランドなどが要件として挙がります。さらに膨張製品では、配達やクレジット、保証、アフターサービスなどが不可欠になるかもしれません。まずは基本製品、さらには期待製品に必須の機能を付加し、顧客ニーズに応じたホールプロダクトを構築します。

one point　セオドア・レビット

アメリカの経営学者。ハーバード・ビジネススクール教授に就任し、後に名誉教授にもなります。レビットは「ドメイン」の考え方を世に出した人物として有名です。

one point　製品レベルと顧客価値

製品レベルのモデルでは、製品レベルが上がるごとに顧客の価値も高まることから、これを**顧客価値ヒエラルキー**と捉えることもできると、コトラーは言います。

Reference Guide　フィリップ・コトラー『マーケティング・マネジメント　ミレニアム版』
　　　　　　　　　　（ピアソン・エデュケーション）485ページ
　　　　　　　　　ジェフリー・ムーア『キャズム』(翔泳社)177～188ページ

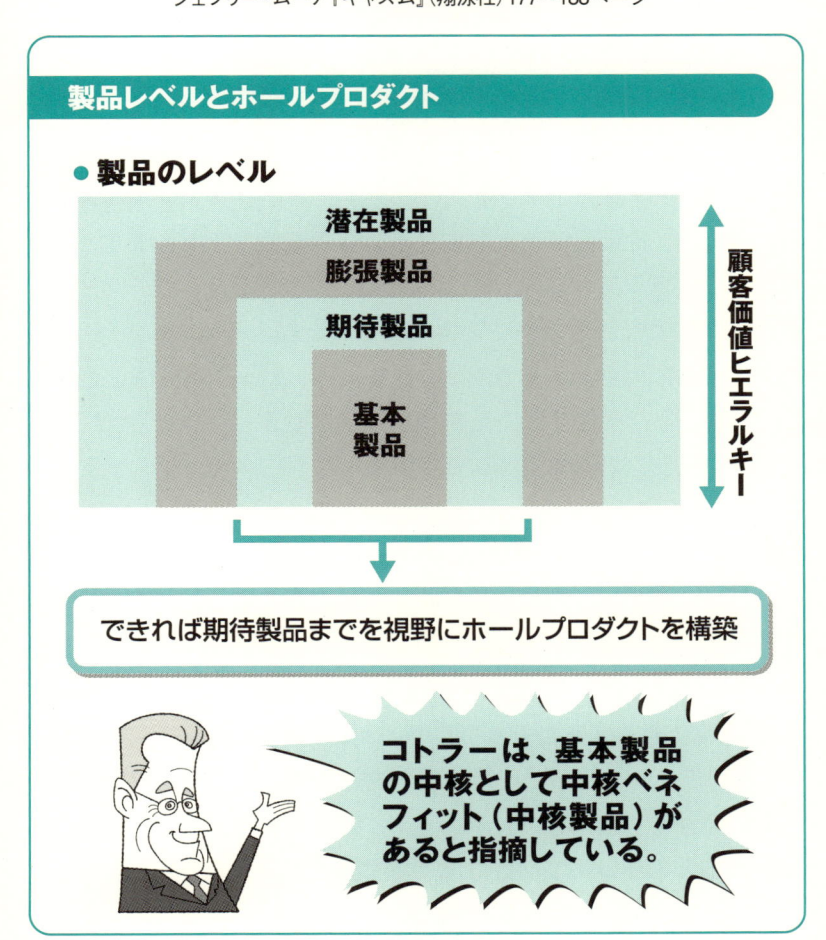

製品レベルとホールプロダクト

● 製品のレベル

- 潜在製品
- 膨張製品
- 期待製品
- 基本製品

顧客価値ヒエラルキー

↓

できれば期待製品までを視野にホールプロダクトを構築

> コトラーは、基本製品の中核として中核ベネフィット（中核製品）があると指摘している。

4-10 ホールプロダクトとバリューチェーン

ホールプロダクトの構築では、コアの部分に集中し、コンテクストについてはパートナー企業に任せます。言い換えるならば魅力あるバリューチェーンを構築することが重要になります。

1 コアとコンテクスト

ホールプロダクトを一社ですべてまかなうことも考えられます。しかし、企業はコアに集中し、コンテクストをアウトソーシングすることが、企業価値を高める上でも重要です。

コアとは、企業価値を上昇させるあらゆるものを指します。それ以外がコンテクストです。ムーアは、コンテクストをアウトソーシングし、企業の資源をコアに集中すべきだと説きます。したがって、コアの部分だけ自社でまかない、他をパートナー企業に任せてホールプロダクトを構築する方向を検討すべきです。これはすなわちバリューチェーンの構築に他なりません。

2 バリューチェーンの構築

バリューチェーンとは、部品➡製造➡流通のように、価値が顧客に届くまでの連鎖です。ムーアは、バリューチェーンの構築にあたり、ホールプロダクトの簡略モデルの作成を勧めます。これは、顧客が最低限必要とするホールプロダクトの構成を洗い出したものです。このモデルを作成し、最低限の機能がホールプロダクトに含まれているかを検証します。その上で、自社で実行すべきところ、すなわちコアの部分については黒く塗りつぶします。そして、残るコンテクストの部分はパートナー企業に任せます。

one point バリューチェーン

バリューチェーンは、**価値連鎖**とも呼びます。経営学者マイケル・ポーターが提唱した考えです。ポーターの理論は、企業の中に閉じた連鎖のイメージが強かったのですが、近年では企業同士の連携にもバリューチェーンという言葉を用います。

Reference Guide ジェフリー・ムーア『キャズム』(翔泳社) 187、217～220ページ

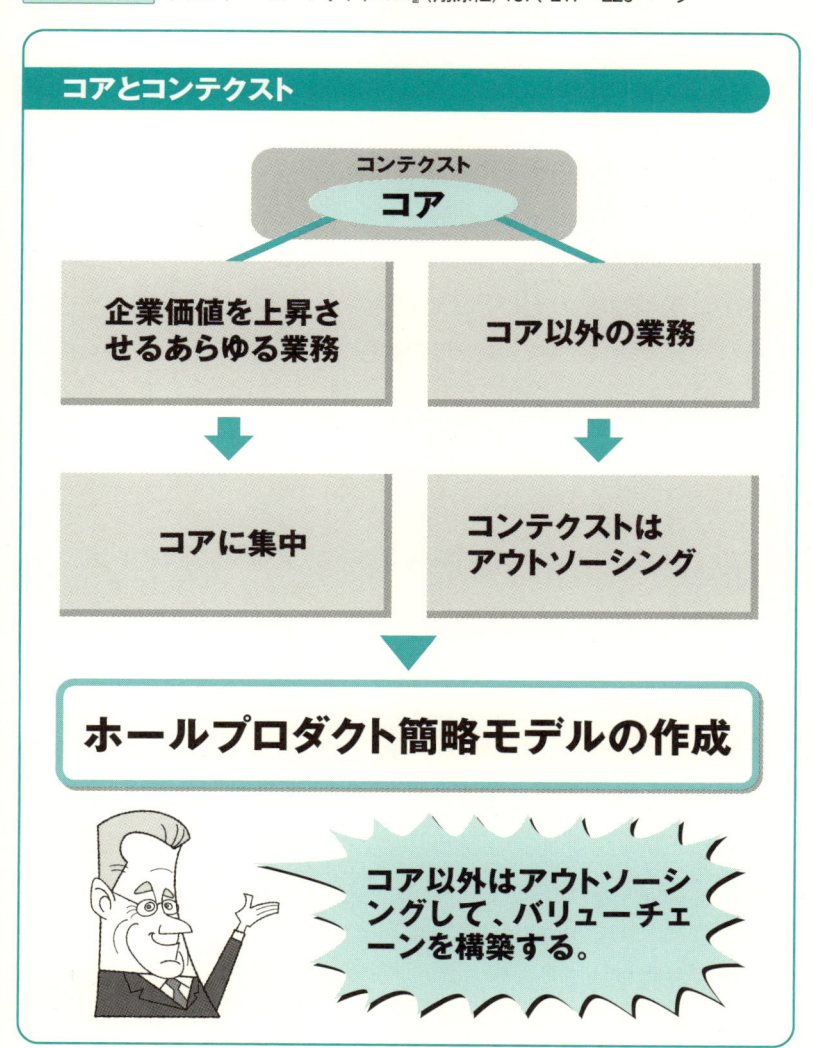

コアとコンテクスト

```
            コンテクスト
              コア
         ／         ＼
企業価値を上昇さ      コア以外の業務
せるあらゆる業務
    ↓                ↓
 コアに集中         コンテクストは
                    アウトソーシング
                    ↓
        ホールプロダクト簡略モデルの作成
```

コア以外はアウトソーシングして、バリューチェーンを構築する。

4 クロッシング・ザ・キャズム戦略

4-11 ポジショニングと競争相手

ターゲット・カスタマーとホールプロダクトが明確になったら、次に製品のポジショニングを設定します。そのためには、競争相手の存在が欠かせません。

1 ポジショニングとは何か

以上で、ターゲット・カスタマー、ターゲットに提供するホールプロダクトが明確になりました。次に、どのようなポジショニングで製品を売り込むのか、ということを考える必要があります。

ポジショニングとは、潜在的な顧客の心の中で、自社の製品が競合と比較して、相対的にどのような位置にあるのかを示したものです。当然、競合よりも有利なポジショニングを獲得できれば、顧客がその製品を選択する可能性はより大きくなります。

2 製品のポジションを相対化するために

ポジショニングを設定する上で必要になるのが、競争相手の存在です。競争相手が不在の状態では、自社の製品のポジショニングを相対化して顧客に示すことができません。

また、初期多数派市場を占める実利主義者の購買心理を考えてみても、競争相手は不可欠です。というのも、実利主義者は競争相手と比較して有利である点が、その製品を採用する上での試金石の一つになるからです。

したがって、まずは競争相手を明確にし、その上で製品のポジショニングを確立することが必要になります。

one point **ポジショニング**

アメリカのマーケティング・コンサルタントであるジャック・トラウトとアル・ライズが1970年代の始め頃に提唱しました。現在ではマーケティングの基本手順の一つに組み込まれています。

Reference Guide ジェフリー・ムーア『キャズム』(翔泳社) 221～231ページ
アル・ライズ、ジャック・トラウト『マーケティング22の法則』
(東急エージェンシー) 6ページ

ポジショニング

顧客の心の中にある、製品の相対的な位置
＝
ポジショニング

製品A
製品B
製品C

- ポジショニングの設定には、競争相手が不可欠
- 実利主義者は競争相手と比較して製品を採用する

競争相手の設定とポジショニングの設定はセットで考えよう！

4 クロッシング・ザ・キャズム戦略

4-12 ポジショニングの明文化

ポジショニングの明確化には、一般にポジショニング・マップを用います。さらにムーアは、基本フォーマットに従ったポジショニングの明文化を推奨します。

1 ポジショニング・マップの活用

製品のポジショニングを明らかにする場合、一般的に2軸のマトリックスを用います。

マトリックスのそれぞれの軸には、「時間×空間」「感性×理性」「新規×既存」「個人×集団」のような対立概念を設定します。これで2次元マップを作り、その上に自社と競合のポジショニングを記します。これをポジショニング・マップと呼びます。

2 ポジショニングの明文化

また、ムーアはこの作業とは別に、基本フォーマットに従ったポジショニングの明文化を提唱しています。ムーアが示す明文化の基本フォーマットは次のとおりです。

① [既存の手段] で問題を抱えている
② [ターゲット・カスタマー] 向けの、
③ [製品カテゴリー] の製品であり、
④ [この製品が解決できること] ができる。そして
⑤ [競合製品] とは違って、この製品には
⑥ [主要な機能] が備わっている。

この基本フォーマットでは、括弧内に対象製品の情報を記述して、ポジショニングを明文化します。一例は次ページに示したとおりです。

one point 客観的な立場でポジショニングを設定する

　ポジショニング・マップの作成とその明文化では、顧客の立場から見たものであることが重要です。企業側からの恣意的なものは早晩馬脚が現して、顧客からは受け入れられないようになるでしょう。

Reference Guide ジェフリー・ムーア『キャズム』(翔泳社) 251ページ

ポジショニング・マップとステートメント

● ポジショニング・マップ例（新世代携帯情報端末）

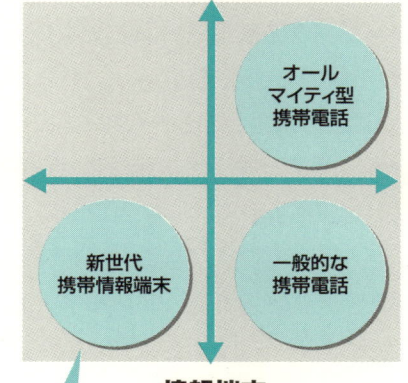

- 生活端末
- IP網
- 従来の携帯電話網
- 情報端末
- オールマイティ型携帯電話
- 新世代携帯情報端末
- 一般的な携帯電話

ポジショニングの明文化

データの送受信で問題を抱えている外出先のビジネス・パーソン向けの携帯情報端末であり、通話ばかりかデータ通信処理ができる。そして従来の携帯電話と違って、この製品には社内のパソコンとシームレスな、インターネット接続とメール環境が備わっている。

> ポジショニングを明文化する基本フォーマットは、ポジショニングの明確化に役立つはずだ。

4 クロッシング・ザ・キャズム戦略

4-13 ナンバー1の法則と梯子の法則

最良のポジショニングを獲得するには、対象とする市場カテゴリーでナンバー1を目指すことが大切です。ただし、ナンバー1には、売上や市場シェアの他にも多様な価値基準があります。

1 梯子のトップを目指すために

4-11節でふれたポジショニングの提唱者ジャック・トラウトとアル・ライズは、ポジショニングの構築において**ナンバー1の法則**および**梯子の法則**の重要性を説いています。

ナンバー1の法則とは、あるカテゴリーでナンバー1であることが、顧客の心の中で大変有利な位置を占めるという考えです。また、梯子の法則は、顧客の心の中は梯子状になっていて、上から順に製品名が刻まれているという考えです。当然、梯子の一番上を占めるのは、顧客が最も好意をもつ製品です。すなわち、ナンバー1を獲得することで、そのカテゴリーにおける梯子のトップを占める可能性が高くなるわけです。

ナンバー1の基準は、売上や市場シェアの他にもいろいろ考えられます。中でも注目したいのが、マイケル・トレーシーとフレッド・ウィアセーマの指摘です。彼らは、ナンバー1企業は以下**3つの価値基準**のいずれかで最高の評価を受けると述べています。

❶**製品のリーダーシップ**
❷**オペレーション(経営管理面)の卓越性**
❸**顧客とのインティマシー(親密性)**

これらの点でナンバー1になることが、結果的に、市場シェアや売上のナンバー1へと連動するとも考えられます。

> **one point** **ナンバー1の法則、梯子の法則**

　いずれも、アル・ライズとジャック・トラウトの共著『マーケティング22の法則』にリストアップされているものです。

> **one point** **3つの価値基準**

　アメリカの経営コンサルタントであるマイケル・トレーシーとフレッド・ウィアセーマが提唱しました。製品のリーダーシップは、製品そのものの優位性を追求します。また、オペレーションの卓越性は他社よりも優れた経営管理、顧客とのインティマシーは顧客との親密性をテコに製品を魅力的にします。

> **Reference Guide** マイケル・トレーシー、フレッド・ウィアセーマ『ナンバー1企業の法則』(日本経済新聞社) 10〜11ページ
> 『マーケティング22の法則』(東急エージェンシー) 11、69ページ

ナンバー1を目指すために

- 梯子の法則
- ナンバー1の法則

製品A
製品B
製品C

有利なポジショニングを目指すために

ナンバー1企業へ3つの価値基準
- 製品のリーダーシップ
- オペレーションの卓越性
- 顧客とのインティマシー

4　クロッシング・ザ・キャズム戦略

4-14 販売チャネルの検討

販売チャネルの選定にあたっては、実利主義者が安心・信頼できることを最重視すべきです。多様な販売チャネルが存在する現在、製品とターゲットに合致したチャネル選びが不可欠です。

1 直販に注目せよ

続いて販売チャネルを選定します。選択の大前提は、対象の製品およびターゲット・カスタマーを念頭に、その販売チャネルに対象主流市場へのパイプがあるかどうかという点です。その上で、その販売チャネルが、実利主義者に対して信頼感や安心感を与えるものでなければなりません。

クロッシング・ザ・キャズム戦略を前提にした場合、より注目すべき販売チャネルは直販です。これは、直販の営業部隊による販売方式です。この方式が優れているのは、顧客と直に商談し、顧客の問題点を浮かび上がらせ、その解決方法を提案できるからです。特にハイテク製品など、機能が複雑なものは、需要を創り出す上で最適の販売チャネルと考えるべきです。

2 多様な販売チャネル

また、直販以外にも多様な販売チャネルを検討すべきです。例えば、製品の機能が複雑で、直販部隊の手が足りない場合、コンサルタント機能をもつ再販業者も有力な販売チャネルになります。

また、製品によっては、店頭小売やカタログ販売、テレビ通販などの通信販売、ダイレクトメール、テレセールスなどの活用も考えられます。加えて、もはやインターネットの活用は欠かせません。

> **one point** その他の販売チャネル

　他にも販売外交員、フランチャイズ、インテグレーターなど、多様な販売チャネルがあります。また、市場カテゴリーによって、販売チャネルの種類や形態が変わることもあります。

> **Reference Guide** ジェフリー・ムーア『キャズム』（翔泳社）264～298ページ

多様な販売チャネル

①直販
顧客と直に商談し、問題点を浮かび上がらせ、解決方法を提案できる。ハイテク製品など、機能が複雑なものは、需要を創り出す上で最適な販売チャネルになる。

②付加価値再販業者
製品の機能が複雑で、直販部隊の手がない場合、コンサルタント機能を持つ再販業者も有力な販売チャネルになる。

③店頭小売
需要の創造より需要を満足させる場としての特性を持つ。顧客が持ち帰ってすぐに使えるものでなければならず、ホールプロダクトが形成されている必要がある。

④カタログ販売／テレビ通販
店頭よりも家庭内でショッピングが行われる頻度が高くなっているか、しっかりしたホールプロダクトが形成されている消費財などでは、有力な販売チャネルになる。

⑤ダイレクトメール／テレセールス
ダイレクトメールやオペレーターによる電話でのセールス。ダイレクトメールは比較的低価格なもの、テレセールスは比較的高価で、説明を要するものが適している。

⑥インターネット
効果的な販売チャネルとして急成長している。顧客と交わって問題点を検証するという、キャズムを越える上で不可欠な販売活動にはやや不向きな面もある。

キャズムを越えるのに販売チャネルの果たす役割は非常に大きい！

出典：ジェフリー・ムーア『キャズム』（翔泳社）264～298ページなどを基に作成

4　クロッシング・ザ・キャズム戦略

4-15 販売チャネル志向型の価格設定

価格設定の基本は顧客志向です。これに対してムーアは、販売チャネル志向という、独特の価格設定手法を提唱します。これは、販売チャネルの重要性を示しているに他なりません。

1 価格設定の基本

最後に価格を設定し終われば、いよいよニッチ市場への製品投入です。価格設定手法には、**コスト志向型**と**顧客志向型**の、大きく2種類があります。前者はコストに利益を計上した価格設定の手法です。一方後者は、顧客がこれならば購入するという価格を設定し、それを基本にしてコスト削減を実行する手法です。

初期市場ではやや高めの価格設定でも製品を販売できるでしょう。しかし、実利主義者には市場志向の価格設定が欠かせません。

2 販売チャネルを意識した価格設定

一方、この点に関してムーアは、**販売チャネル志向型の価格設定**を推奨します。これは次の質問にイエスと答えられる価格設定です。
①それは売れる価格か？
②それは販売チャネルにとって売る意味のある価格か？

注目すべきは、①が顧客志向の販売価格であり、②が販売チャネルに配慮した販売価格になっている点です。つまり、顧客志向かつ販売チャネル志向の価格設定が、ムーアの言う販売チャネル志向型に他なりません。キャズムを越える上で販売チャネルは大きな役割を担います。この価格設定には、販売チャネルを優遇することで、初期多数派に製品をより円滑に送り込む狙いがあります。

one point 後の利益をとる

ニッチ市場の攻略当初は、自社の収益よりも販売チャネルの収益に配慮した価格設定が重要になります。その後、販売チャネルの数が増えるに従って、報酬を本来のレベルに引き下げる戦略が不可欠になります。

Reference Guide ジェフリー・ムーア『キャズム』(翔泳社) 298〜303ページ

価格設定の考え方

コスト志向型
コストに利益を加えて販売価格にする

顧客志向型
顧客が購入する価格を設定し、コストを削減する

↓

販売チャネル志向型
① それは売れる価格か（顧客志向）
② それは販売チャネルにとって売る意味のある価格か（販売チャネル志向）

↓

顧客志向×販売チャネル志向
＝
ムーアの言う販売チャネル志向型価格設定

> キャズムを越えるには、販売チャネル志向型の価格設定に配慮せよ。

4 クロッシング・ザ・キャズム戦略

Column コラム
マーケティングの基本手法とムーア理論

フィリップ・コトラーは、著書『コトラーの戦略的マーケティング』の中で、マーケティングの基本手順として、下記の5つのステップを明示しました。

❶調査（Research）
❷セグメンテーション（Segmentation）／ターゲティング（Targeting）／ポジショニング（Positioning）
❸マーケティング・ミックス（Marketing Mix）
❹実施（Implementation）
❺管理（Control）

このマーケティングの基本手順は、それぞれのステップの頭文字をとって**R➡STP➡MM➡I➡C**と呼ばれます。

一方、ムーアのクロッシング・ザ・キャズム戦略を検討すると、その内容はマーケティングの基本手順に忠実に従っていることがわかります。

この章で解説したニッチ市場の選定は、マーケティングの基本手順のセグメンテーションとターゲティングに他なりません。また、ポジショニングは言わずもがなです。

一方、上記のマーケティング・ミックスとは、製品、価格、流通、プロモーションのことで、これら4つの頭文字をとって**4P**とも呼ばれています。

ムーアの言うホールプロダクトは、マーケティング・ミックスの製品に相当することは明らかです。また、価格設定や流通チャネルについても、すでに見たとおりです。さらにムーアは、口コミの重要性について指摘していますが（5-2節参照）、これはプロモーションに該当する活動です。

このように、クロッシング・ザ・キャズム戦略はマーケティングの原則をベースに練られているようです。もっともこれは、ムーアがマーケティング・コンサルタントであることから当然のことかもしれません。

> **Reference Guide** フィリップ・コトラー『コトラーの戦略的マーケティング』（ダイヤモンド社）46ページ

第5章

キャズムを越えた後に

キャズムを越えたからといって安心はしていられません。その後も実行すべきことが多数あります。ここではその概略について述べます。

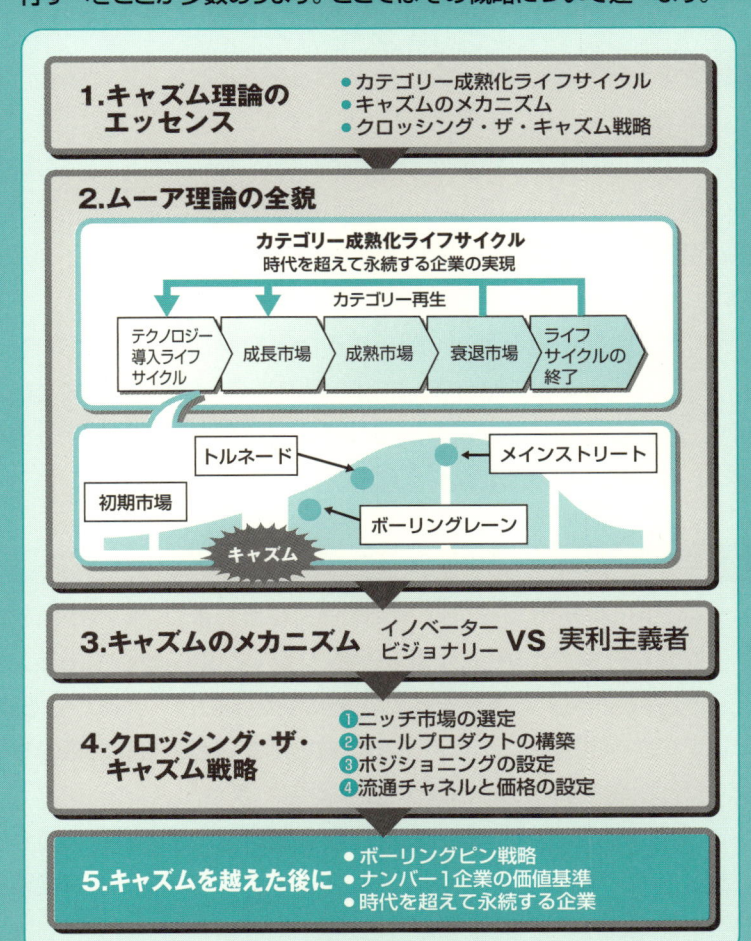

1. キャズム理論のエッセンス
- カテゴリー成熟化ライフサイクル
- キャズムのメカニズム
- クロッシング・ザ・キャズム戦略

2. ムーア理論の全貌

カテゴリー成熟化ライフサイクル
時代を超えて永続する企業の実現

カテゴリー再生

テクノロジー導入ライフサイクル → 成長市場 → 成熟市場 → 衰退市場 → ライフサイクルの終了

初期市場／トルネード／ボーリングレーン／メインストリート

キャズム

3. キャズムのメカニズム
イノベーター　ビジョナリー **VS** 実利主義者

4. クロッシング・ザ・キャズム戦略
1. ニッチ市場の選定
2. ホールプロダクトの構築
3. ポジショニングの設定
4. 流通チャネルと価格の設定

5. キャズムを越えた後に
- ボーリングピン戦略
- ナンバー1企業の価値基準
- 時代を超えて永続する企業

5-1 ニッチ市場の向こうへ

クロッシング・ザ・キャズム戦略を推進することで、なんとかニッチ市場を開拓することに成功しました。しかし、市場開拓はここで終わったわけではありません。

1 キャズムを越えた後に

　前章で見たように、初期市場から主流市場への移行では、クロッシング・ザ・キャズム戦略を推進するのが、キャズムに陥らないための鉄則になります。そして、主流市場にニッチ市場を開拓すべく悪戦苦闘します。この戦いは、カテゴリー成熟化ライフサイクル上のボーリングレーンで繰り広げられています。

　そしてニッチ市場をうまく開拓できた後も、トルネード、メインストリート、さらには成熟市場、衰退市場のステージが控えています。当然、これらのライフサイクルに応じたマーケティングを引き続き実行しなければなりません。

2 ニッチ市場戦略の次の手

　そこで再び、**ボーリングレーン**に注目しましょう。これが何故ボーリングレーンかというと、ボーリングレーン上にあるボーリングピンが、主流市場内に多数あるニッチ市場を象徴しているからです。そして、ある特定のニッチ市場を攻略したということは、このボーリングピンを1本倒したということに他なりません。

　ではこの時点で、引き続きどのような戦略をとるべきなのでしょうか。ムーアはこれに対してこう答えます。**ボーリングピン戦略**をとるべきだと。

| Reference Guide | ジェフリー・ムーア『ライフサイクルイノベーション』(翔泳社) 22ページ
Geoffrey A. Moore『Inside the Tornado』(HarperCollins Publishers)
24〜26ページ

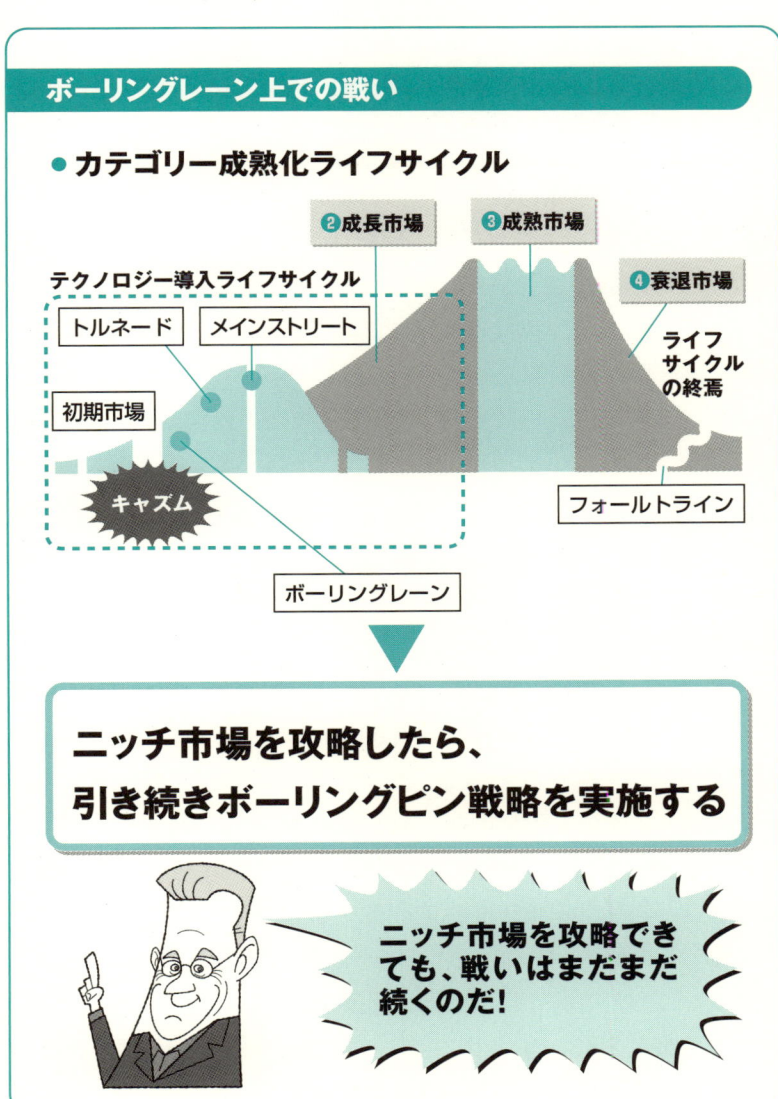

ボーリングレーン上での戦い

● カテゴリー成熟化ライフサイクル

- ❷ 成長市場
- ❸ 成熟市場
- ❹ 衰退市場

テクノロジー導入ライフサイクル

- トルネード
- メインストリート
- 初期市場
- ライフサイクルの終焉
- フォールトライン
- キャズム
- ボーリングレーン

5 キャズムを越えた後に

ニッチ市場を攻略したら、
引き続きボーリングピン戦略を実施する

ニッチ市場を攻略できても、戦いはまだまだ続くのだ！

5-2 ボーリングピン戦略の実践

ムーアが提唱するボーリングピン戦略とは、その名のとおり、ボーリングをたとえにした市場開拓戦略です。1番ピンを倒したら、その勢いを利用して2番ピン、3番ピンを倒します。

1 ボーリングピン戦略とは何か

最初に攻略したニッチ市場は、ボーリングにたとえると、レーン上にある1番ピンに他なりません。これを倒したら、さらに2番ピン、3番ピンを次々と倒すことを目指すべきです。すなわち、あるニッチ市場を攻略できたら、続いて類似するニッチ市場、またはホールプロダクトをそのまま活用できる異なる種類のニッチ市場を攻略せよ、ということです。そして、攻略の手を広げていきます。これが、ムーアの言うボーリングピン戦略です。

2 実績と口コミの活用

このボーリングピン戦略で活用するのが実績と口コミです。初期多数派市場の実利主義者は、実績を重んじます。そこで、ニッチ市場で勝ち得た実績を利用して、周辺市場に攻勢をかけるわけです。これは実利主義者を説得する上で大きな武器になります。

またこの時に、口コミの威力にも期待できます。次なるニッチ市場の顧客が製品の採用を検討する際、過去の実績を調査することでしょう。その場合、知り合いやネットを通じて製品の評判を探るはずです。ニッチ市場で素晴らしい仕事をしていれば、有利な口コミが実利主義者の耳に届くはずです。これも実利主義者に製品の採用を促す上で大きなプラスとして働きます。

> **one point** 類似市場の攻略

ボーリングピン戦略では、1番ピンと類似する市場を次の標的にすることが重要になります。これは、市場の類似性から、同じ問題解決手法が受け入れられやすいと考えられるからです。

> **Reference Guide** ジェフリー・ムーア『企業価値の断絶』(翔泳社) 209ページ
> Geoffrey A. Moore『Inside the Tornado』(HarperCollins Publishers) 38～39ページ

ボーリングピン戦略

ボーリングピン戦略

類似するニッチ市場、またはホールプロダクトをそのまま活用できる種類の異なるニッチ市場を攻略

▼

ボーリングピン戦略で活用する武器
実績 × 口コミ

> 1番ピンを倒したら2番ピン、3番ピンと続けて倒していけ。

5 キャズムを越えた後に

5-3 アプリケーション・イノベーションの実践

ボーリングピン戦略と同様に重要になるのが、アプリケーション・イノベーションです。これは新しいものを開発するのではなく、その位置付けを変えて、新たな市場を開拓することを意味します。

1 アプリケーション・イノベーションとは何か

ボーリングレーンの段階では、先のボーリングピン戦略と同様に、ムーアが**アプリケーション・イノベーション**と呼ぶ展開も重要になります。これは手元にある製品について、従来になかった応用分野を発見することに他なりません。したがって、技術開発とは異なる純粋にマーケティング上の行為と言えます。

アプリケーション・イノベーションでよく語られるたとえに、エスキモーの人々に冷蔵庫を売る、というものがあります。通常、冷蔵庫は食品を冷凍して保存する道具として位置付けられています。この位置付けでは、エスキモーの人々に冷蔵庫を販売するのは難しそうです。

2 製品の位置付けを変更する

一方、この冷蔵庫の位置付けを、食品が凍らないようにするための道具に変更するとどうでしょう。これならば、エスキモーの人々にも冷蔵庫が売れるかもしれません。このように、新しいものを開発するのではなく、その位置付けを変えて新たな市場を開拓するのがアプリケーション・イノベーションに他なりません。

ボーリングピン戦略同様、このアプリケーション・イノベーションも推進し、倒すピンの数を増やしていくことが欠かせません。

> **one point**　**エスキモーの人々に冷蔵庫を売る**
> 　この例を掲げたのはピーター・ドラッカーです。ドラッカーは、イノベーションは技術開発のみに見られるのではなく、販売手法や組織にも起こるものだと説きました。

> **Reference Guide**　ジェフリー・ムーア『ライフサイクルイノベーション』（翔泳社）82、105ページ

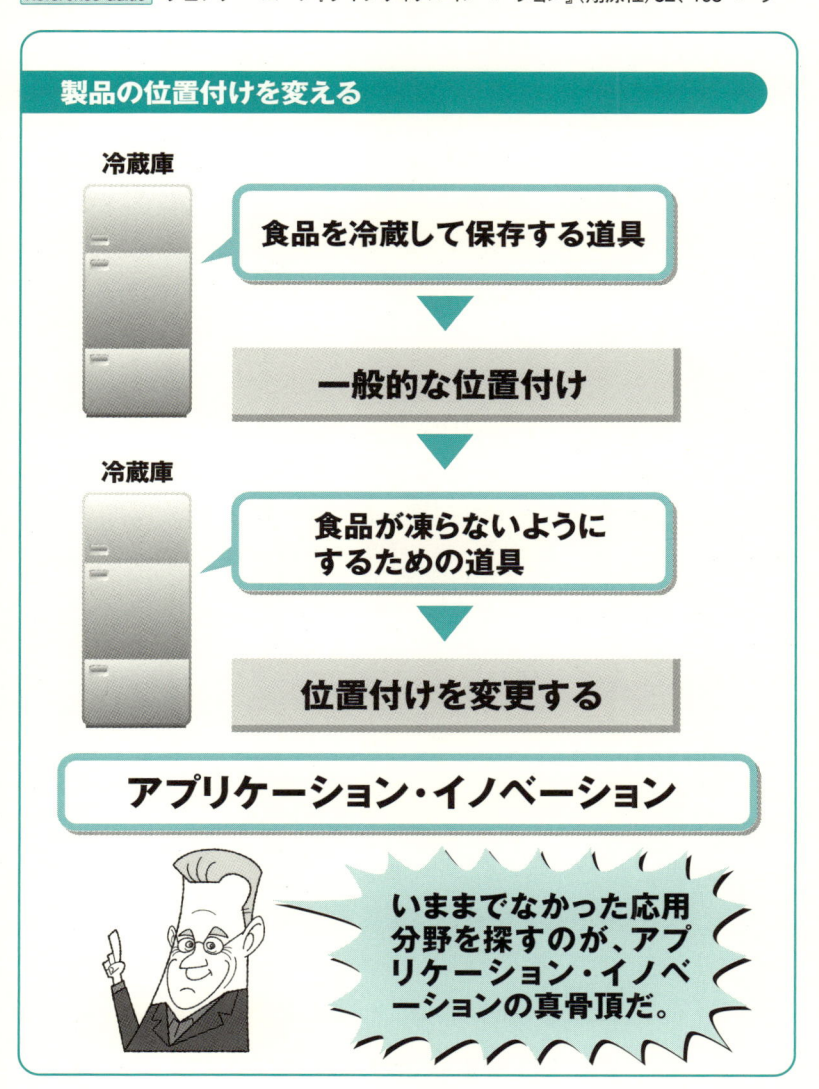

製品の位置付けを変える

冷蔵庫

食品を冷蔵して保存する道具

▼

一般的な位置付け

▼

冷蔵庫

食品が凍らないようにするための道具

▼

位置付けを変更する

アプリケーション・イノベーション

いままでなかった応用分野を探すのが、アプリケーション・イノベーションの真骨頂だ。

5　キャズムを越えた後に

5-4 トルネードからメインストリートへ

ボーリングレーンからトルネード、そしてメインストリートへ、市場は大きく成長していきます。ここでもステージに応じたマーケティングが欠かせません。

1 市場が急成長するトルネード

ボーリングレーンの段階では、2つの現象が起こります。一つは、いつまでたっても製品がニッチ市場にしか受け入れられない現象です（永遠のボーリングレーン）。その一方で、**キラー・アプリケーション**により市場が一気に拡大する場合もあります。

後者は、ニッチ市場の製品が大衆市場に流れ込む現象に他なりません。ムーアはこれを**トルネード**と呼びます。企業はこの時期にできるだけ大きなマーケットを取り込むことが重要になります。その際に重視するのが、4-13節でふれた3つの価値基準の製品のリーダーシップ、およびオペレーションの卓越性です。

2 シェアが固定するメインストリート

このトルネードもやがて止み、**メインストリート**の段階に突入します。この時期にはトルネードの期間に決まったマーケットシェアが維持され、しかも、このシェアがなかなか変動しない点が大きな特徴になります（だからトルネード時のシェア獲得が重要なのです）。

メインストリートの主要顧客は後期多数派、すなわち保守派に移行します。この層は、製品のディスカウントに積極的です。この点を念頭にすると、ここでは、低価格にも耐えるオペレーションの卓越性、そして顧客インティマシーが重要になります。

> **one point** ステージによって使い分ける3つの価値基準

ムーアは、トレーシーとウィアセーマが指摘したナンバー1企業がもつ**3つの価値基準**（4-13節参照）を、各ライフサイクルでの指標に位置付け、かつステージに応じてそれぞれの重みを変えている点に留意してください。

> **Reference Guide** ジェフリー・ムーア『ライフサイクルイノベーション』（翔泳社）79ページ、『企業価値の断絶』（翔泳社）269、285ページ

各ステージのアピール・ポイント

ナンバー1企業の3つの価値基準

	製品のリーダーシップ	オペレーションの卓越性	顧客インティマシー
初期市場	◎		
ボーリングレーン	◎	◎	
トルネード	◎		◎
メインストリート		◎	◎

トルネードとメインストリートでは、アピールポイントの力点が変わる。

5 キャズムを越えた後に

5-5 製品イノベーションの推進

ムーアは、トルネードが巻き起こっている段階での戦略として、製品イノベーションの推進を推奨します。これは製品リーダーシップの強化に他なりません。

1 製品イノベーションとは何か

トルネードが巻き起こっている時期は、とにかく多くのマーケットシェアをとることが先決です。利益は後で回収するくらいの戦略が不可欠になります。ここでシェアを大きく獲得するための手法として、製品イノベーションの推進があります。

これは、既存製品にかつてない機能を追加して差別化することに他なりません。この前例のない機能が顧客に受け入れられると、キラー・アプリケーションに大化けする可能性があります。

2 インターネットのキラー・アプリケーション

インターネットを例にとりましょう。インターネットが普及し始めた当初、メールやデータ交換での利用が一般的でした。一方、1990年代初頭に、別のサービスとしてワールド・ワイド・ウェブ（WWW）が開発されます。その後、「モザイク」「ネットスケープ・ナビゲーター」などのウェブブラウザが登場し、それに併走するかのように、ウェブページが急速に増加します。

こうして、WWWが引き金となってインターネットの一般利用に弾みがつき、インターネットの利用者を一挙に押し上げました。このようにWWWは、インターネットにおけるキラー・アプリケーションであり、製品イノベーションの一例と言えるでしょう。

> **one point** 日本でのインターネット普及

一般に日本でインターネットが普及し始めたのは1995年と言われ、この年を「インターネット元年」とも呼びます。ちなみに、この年の12月にマイクロソフトが「ウィンドウズ95」を日本で発売しています。

Reference Guide ジェフリー・ムーア『ライフサイクルイノベーション』(翔泳社) 82、113ページ

製品イノベーションとキラー・アプリケーション

トルネード

キャズム

製品のリーダーシップ ＋ オペレーションの卓越性

製品イノベーションの推進
既存製品にかつてない機能を追加して差別化する

キラー・アプリケーションの実現

キラー・アプリケーションを実現すると市場がまさにトルネード(竜巻)状態になる。

5 キャズムを越えた後に

5-6 プラットフォーム・イノベーションの推進

プラットフォーム・イノベーションは、メインストリートの段階で実行すべきイノベーションです。これは、価格競争を回避して競争優位を築く戦略とも言えます。

1 価格競争を回避するために

　メインストリートでは、顧客が後期多数派へと移行します。後期多数派は、初期多数派以上に保守的で、製品に対する知識も乏しいという特徴をもちます。にもかかわらず、ディスカウントには余念がありません。製品を提供する側にとって、なりふり構わぬ価格競争は体力を消耗するばかりです。となると、価格競争なしに顧客を魅了することが欠かせません。

　繰り返しますが、後期多数派は製品に対する知識をあまりもちません。したがって、操作手順の複雑性などは敬遠されます。そこで、製品を極めてシンプルにすることが戦略の一つとして重要になります。これを**プラットフォーム・イノベーション**と呼びます。

2 OSに見るプラットフォーム・イノベーション

　かつてのパソコンは、テキストベースのコマンドを入力して操作するのが常識でした。これに対して、マウスでコマンドを指示するグラフィカル・ユーザー・インターフェイス（GUI）環境をもつパソコンが登場しました。これが、アップルの「マックOS」であり、マイクロソフトの「ウィンドウズ」です。これによりパソコンが、初心者にも容易に受け入れられる道が開かれました。これはまさにプラットフォーム・イノベーションを具現化した好例です。

one point　GUIとCUI

現在のパソコンOSの主流になっているのがGUIです。一方、かつてのテキストベースのOSを「キャラクター・ユーザー・インターフェイス」(CUI)と呼びます。

Reference Guide　ジェフリー・ムーア『ライフサイクルイノベーション』(翔泳社)83、122ページ

プラットホーム・イノベーション

メインストリート

キャズム

オペレーションの卓越性 ＋ 顧客インティマシー

プラットホーム・イノベーションの推進
製品の複雑さを覆い隠す

後期多数派を攻略

後期多数派の攻略には、プラットホーム・イノベーションを活用せよ！

5　キャズムを越えた後に

5-7 成熟市場から衰退市場へ

市場がキャズムを越え、無事メインストリートに達すると、やがて成熟期に移行します。そして、いずれ市場は衰退期を迎えることになります。これらの時期にも定石となるマーケティング手法があります。

1 成熟市場のマネジメント

　キャズムを越えてメインストリートに達した市場は、やがて成熟期に移行します。この時期に有効になるのが、顧客インティマシーとオペレーションの卓越性に着目したマーケティングの推進です。これは、顧客との親密性を梃子にして、製品を他社よりも魅力的にするとともに、他社よりも優れた経営管理を推進して差別化を図るものです。

2 衰退市場のマネジメント

　一方、衰退市場では企業買収再生や自立再生を目指します。前者は文字どおり成長市場の企業を買収して、短期間で**企業を再生**する手法です。初期イノベーションは他企業に任せ、その事業が成功するまで待ちます。そして、成果が上がった時点で一気にM&Aを仕掛けます。いわば、オペレーションの卓越性を利用しながら、製品のリーダーシップを一挙に獲得する戦略です。

　一方、後者は成長する新規市場カテゴリーに方向転換することを意味します。すなわち、クリステンセンの指摘する**破壊的イノベーション**の推進です（4-7節参照）。そして、初期市場、クロッシング・ザ・キャズム、ボーリングレーン、トルネードと、いままで私たちが見てきたプロセスを再度繰り返します。

> **one point** ナンバー1企業の3つの価値基準

ここで言及している顧客インティマシー、オペレーションの卓越性、製品のリーダーシップは、トレーシーとウィアセーマが指摘した、ナンバー1企業がもつ3つの価値基準（4-13節参照）に他なりません。

> **Reference Guide** ジェフリー・ムーア『ライフサイクルイノベーション』（翔泳社）24〜25ページ

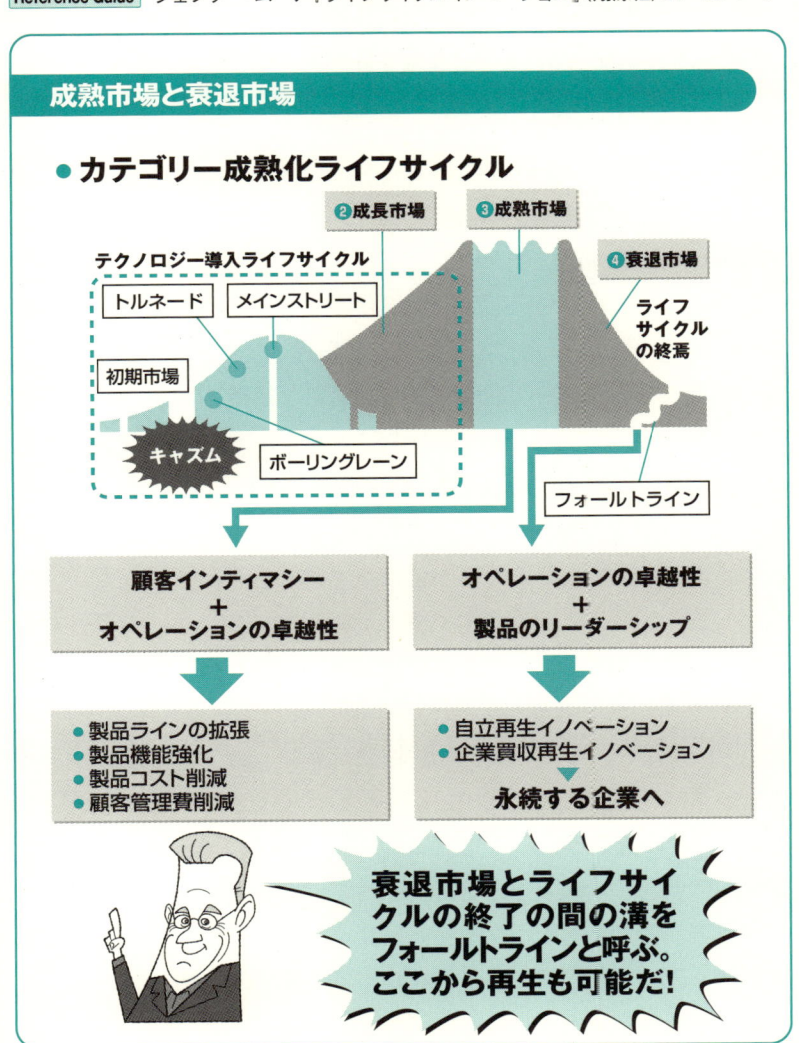

成熟市場と衰退市場

●カテゴリー成熟化ライフサイクル

❷成長市場　❸成熟市場　❹衰退市場

テクノロジー導入ライフサイクル
- トルネード
- メインストリート
- 初期市場
- キャズム
- ボーリングレーン

ライフサイクルの終焉

フォールトライン

顧客インティマシー ＋ オペレーションの卓越性
- 製品ラインの拡張
- 製品機能強化
- 製品コスト削減
- 顧客管理費削減

オペレーションの卓越性 ＋ 製品のリーダーシップ
- 自立再生イノベーション
- 企業買収再生イノベーション

永続する企業へ

衰退市場とライフサイクルの終了の間の溝をフォールトラインと呼ぶ。ここから再生も可能だ！

5 キャズムを越えた後に

5-8 時代を超えて永続する企業

カテゴリー成熟化ライフサイクルは、個々のステージの特徴と実行すべきことを明らかにします。これは時代を超えて永続する企業を構築するためのロードマップでもあります。

1 ライフサイクルと価値基準

　以上、キャズム理論を中心に、ムーア理論の全貌について解説してきました。そのとりまとめとして次ページの図をご覧ください。

　これは、ムーアのカテゴリー成熟化ライフサイクルの各ステージにおいて、トレーシーとウィアセーマが指摘したナンバー1企業がもつ3つの価値基準(4-13節参照)のいずれが重要になるかを示したものです。

　このように、それぞれのステージで、ナンバー1企業がもつ3つの価値基準への重みが異なることがわかります。言い換えると、現在のステージを理解し、この重み付けをうまく管理することが、ナンバー1企業への道になるわけです。そのためのツールとして、カテゴリー成熟化ライフサイクルは極めて有用と言えるでしょう。

2 時代を超えて永続する企業を目指せ

　ムーアは、『企業価値の断絶』(翔泳社)の中で、カテゴリー成熟ライフサイクルを念頭に、ジェームズ・コリンズとジェリー・ポラスが提唱した永続性の構築を説きます。

　つまり、時代を超えて永続する企業を目指すことが、キャズム理論、そしてムーア理論に込められた、詰まるところのメッセージではないでしょうか。

> **one point** 永続性の構築

ジェームズ・コリンズとジェリー・ポラスが『ビジョナリー・カンパニー』(日経BP社)の中で指摘した言葉です。英文では「Build to last」になります。

> **Reference Guide** ジェフリー・ムーア『企業価値の断絶』(翔泳社)357ページ
> Geoffrey A. Moore『Inside the Tornado』(HarperCollins Publishers) 176ページ

各ステージでの展開

テクノロジー導入ライフサイクル			
初期市場	●製品のリーダーシップ	●卓越したテクノロジー ●未来への可能性
キャズム ボーリング レーン	●製品のリーダーシップ ●顧客インティマシー	●クロッシング・ザ・キャズム戦略 ●ボーリングピン戦略
トルネード (成長市場)	●製品のリーダーシップ ●オペレーションの卓越性	●製品イノベーション ●キラー・アプリケーション
メイン ストリート (成長市場)	●オペレーションの卓越性 ●顧客インティマシー	●プラットフォーム・イノベーション
成熟市場	●顧客インティマシー ●オペレーションの卓越性	●製品ライン拡張 ●製品機能の強化 ●コスト削減
衰退市場	●オペレーションの卓越性 ●製品リーダーシップ	●自立再生イノベーション ●企業買収イノベーション

ステージごとに実施して、時代を超えて永続する企業を目指せ!

●参考文献

『クロッシング・ザ・キャズム（邦題『キャズム』）』　1991年　ジェフリー・ムーア著
　　川又政治（訳）　　　　　　　　　　　　　　　2002年　翔泳社刊
『トルネード経営』　　　　　　　　　　　　　　　　　　　　ジェフリー・ムーア著
　　川又政治（訳）　　　　　　　　　　　　　　　1995年　翔泳社刊
『企業価値の断絶』　　　　　　　　　　　　　　　　　　　ジェフリー・ムーア著
　　川又政治（訳）　　　　　　　　　　　　　　　2002年　翔泳社刊
『ライフサイクルイノベーション』　　　　　　　　　　　　ジェフリー・ムーア著
　　栗原潔（訳）　　　　　　　　　　　　　　　　2006年　翔泳社刊
『イノベーションの普及』　　　　　　　　　　　　　　エベレット・ロジャーズ著
　　三藤利雄（訳）　　　　　　　　　　　　　　　2007年　翔泳社刊
『コトラーのマーケティング・マネジメント　ミレニアム版』　フィリップ・コトラー著
　　恩地直人（監）／月谷真紀（訳）　　2001年　ピアソン・エデュケーション刊
『アイデアのつくり方』　　　　　　　　　　　　　　　　ジェームス・W・ヤング著
　　今井茂雄（訳）　　　　　　　　　　　　　　1988年　TBSブリタニカ刊
『イノベーションへの解』　　クレイトン・クリステンセン、マイケル・レイナー著
　　玉田俊平太（監）／櫻井裕子（訳）　　　　　　2003年　翔泳社刊
『マーケティング22の法則』　　　　　　　　アル・ライズ、ジャック・トラウト著
　　新井喜美夫（訳）　　　　　　　　　　　　1994年　東急エージェンシー刊
『ナンバーワン企業の法則』　　　　　マイケル・トレーシー、フレッド・ウィアセーマ著
　　大原進（訳）　　　　　　　　　　　　　　　2003年　日本経済新聞社刊
『ブルー・オーシャン戦略』　　　　　　　　　W・チャン・キム、レネ・モボルニュ著
　　有賀裕子（訳）　　　　　　　　　　　2005年　ランダムハウス講談社刊
『コトラーの戦略的マーケティング』　　　　　　　　　　　フィリップ・コトラー著
　　木村達也（訳）　　　　　　　　　　　　　　2000年　ダイヤモンド社刊
『Inside the Tornado』　Geoffrey A. Moore 著
HarperCollins Publishers刊

索引

あ行

- 『アイデアのつくり方』 …………………33
- アウトソーシング …………………80
- 悪循環 …………………52
- アプリケーション・イノベーション …98
- アル・ライズ …………………83, 86
- イノベーション …………………16, 28
- イノベーション決定過程 …………………28
- イノベーション採用者カテゴリー …30, 36
- 『イノベーションと企業家精神』………20
- 『イノベーションの普及』 …………………60
- イノベーション普及理論 …………………28
- イノベーション論 …………………20
- イノベーター …………………44
- 因習派 …………………50
- 永続性の構築 …………………109
- エベレット・ロジャーズ …………11, 60
- 大きな差異 …………………10
- オピニオン・リーダー …………………46
- オペレーションの卓越性
  …………40, 86, 100, 106, 109

か行

- 懐疑派 …………………50
- 革新者 …………………44
- 確認 …………………28
- 価値連鎖 …………………81
- カテゴリー成熟化ライフサイクル
  …………………22, 24
- ギーク …………………45
- 『企業価値の断絶』………………8, 108
- 企業を再生 …………………106
- 期待製品 …………………78
- キャズム …………………10
- キャズム・グループ …………………8
- キャズムのメカニズム …………………43
- キャズム理論 …………………7
- 競争相手 …………………82
- キラー・アプリケーション …………………102
- 口コミ …………………96
- クラック …………………37
- クリステンセン …………………75
- 『クロッシング・ザ・キャズム』………8
- クロッシング・ザ・キャズム戦略 …12, 61
- 決定 …………………28
- コア …………………80
- 後期多数派 …………………50
- 好循環 …………………52
- 購買心理 …………………36, 54
- 顧客インティマシー
  …………40, 36, 100, 106, 109
- 顧客価値ヒエラルキー …………………78
- 顧客志向型 …………………90
- コスト志向型 …………………90
- 『コトラーのマーケティング・マネジメント
  ミレニアム版』…………………27
- コンテクスト …………………80

さ行

- 裂け目 …………………10, 36, 38
- ジェームス・W・ヤング …………………33
- ジェームズ・コリンズ…………………109
- ジェフリー・ムーア …………………8
- ジェリー・ポラス……………………109
- シグマ …………………31
- 実績 …………………62, 96
- 実利主義者 …………………48
- ジャック・トラウト …………………83
- 主流市場 …………………48, 52
- 初期採用者 …………………46
- 初期市場 …………………52
- 初期多数派 …………………48
- 慎重派 …………………48
- 進歩派 …………………10
- 衰退期 …………………26
- 衰退市場 …………………106
- 正規分布グラフ …………………30
- 成熟化 …………………32

成熟期 …………………26, 106	ブルー・オーシャン戦略 …………42
成熟市場 …………………106	フレッド・ウィアセーマ …………86
成長期 …………………26	プロダクト・ライフサイクル …………26
製品イノベーション……………102	膨張製品 …………………78
製品のリーダーシップ	ボーリングピン戦略 ………94, 96
…………86, 101, 103, 107, 109	ボーリングレーン …………38, 94, 100
製品ライフサイクル …………26	ホールプロダクト …………76, 78, 80
製品レベル …………………78	ポジショニング …………………82
セカンドライフ …………………58	ポジショニング・マップ …………84
説得 …………………28	ポジショニングの明文化 …………84
潜在製品 …………………78	
潜在的利用者全体 …………………32	

ま・や・ら・わ行

マーケティング・ミックス …………92
『マーケティング原理』……………26
マーケティング理論 ……………26

た・な・は行

ターゲット・カスタマー …………68	マイクロソフト …………103, 104
ターゲット・カスタマー・シナリオ ……70	マイケル・トレーシー …………86
遅延者 …………………50	マイケル・ポーター …………27, 81
知識 …………………28	マトリックス …………………84
チャン・キム …………………42	ムーア理論 …………………14, 21
直販 …………………88	メインストリート …………………100
テクノロジー導入ライフサイクル	予期せぬ成功 …………………20
…………………38, 40, 44	『ライフサイクルイノベーション』………8
導入 …………………28	ライフサイクルの終了 …………………22
導入期 …………………26	ラガード …………………50
ドメイン …………………78	レネ・モボルニュ …………………42
ドラッカー …………………20, 99	レビット …………………79
トルネード …………………100	ローエンド市場 …………………74
トルネード経営 …………………8	ワールド・ワイド・ウェブ …………102
ナンバー1の法則 …………………86	
ニッチ市場 …………66, 68, 74, 94	

英数字

パーソナル・デジタル・アシスタンツ…56	J・ウォルター・トムプソン …………33
破壊的イノベーション …………………74	PDA …………………56
破壊的技術 …………………74	PLC …………………26
梯子の法則 …………………86	S曲線 …………………31
バリュー・イノベーション …………………42	S字カーブ …………………31
バリューチェーン …………………80	TCGアドバイザーズ …………8
販売チャネル …………………88, 90	WWW …………………102
ビジョナリー …………………46	3つの価値基準 …87, 101, 107, 108
ビジョナリー・カンパニー……………108	4P …………………92
フィリップ・コトラー …………………26	4つのアクション …………………42
プラットフォーム・イノベーション …104	